楊鴻銘著

文史哲學集成

荀子文論研究

文史哲出版社印行

荀子文論研究 / 楊鴻銘著. -- 初版 -- 臺北市：
文史哲, 民 105.01 印刷
頁; 21 公分 (文史哲學集成；52)
ISBN 978-957-547-259-7（平裝）

文史哲學集成 52

荀子文論研究

著 者：楊 鴻 銘
出 版 者：文 史 哲 出 版 社
http:// www.lapen.com.tw
e-mail：lapen@ms74.hinet.net
登記證字號：行政院新聞局版臺業字五三三七號
發 行 人：彭 正 雄
發 行 所：文 史 哲 出 版 社
印 刷 者：文 史 哲 出 版 社
臺北市羅斯福路一段七十二巷四號
郵政劃撥帳號：一六一八〇一七五
電話886-2-23511028・傳真886-2-23965656

實價新臺幣一六〇元

一九八一年（民七十）一月初版
二〇一六年（民一〇五）一月（BOD）初刷

ISBN 978-957-547-259-7 00052

前言

荀子哲學思想，推崇者多矣！研鑽荀子者，莫不用心於此。至於其文學理論，則人或忽之！

夫荀子受授經典，奮聖而宗經，一以先王之道爲則。雖倡言人性本惡，務隆禮義、化師法、積文學，使歸於善；然此乃基於「禮樂法而不說，詩書故而不切，春秋約而不速。」故須假後王以窺先王之道。故曰：「欲觀聖王之跡，則於其粲然者矣，後王是也。」蓋「睿旨幽隱，經文婉約」，必待師法而後顯，故曰：「學莫便乎近其人。」溯其根源，思想則在先王，文學則在經典矣！

「荀卿嫉濁世之政，亡國亂君相屬，不遂大道」，故著有荀子一書。當是時也，異端紛流，邪說橫行，惟荀子祖述先王，以「化性起僞」爲己任，著書以辯說焉。故其爲文，但求表意，不尙辭采，所謂「以立意爲宗，不以能文爲本」是也。

本書介紹荀子之文學理論，計分五章：即荀子文學宗經思想、荀子文學實用理論、荀子文學體裁析辨、孔孟荀文論之比較，末以荀子引詩考釋作結。蓋荀子引詩，或闡微旨，或斷章取義以證其說者多，故附錄焉。

本書承張心瑩、張意文同學整理校對，謹謝於此。

楊鴻銘識於台北有心齋

中華民國六十九年十二月十日

荀子文論研究目次

第一章　荀子文學宗經思想

第一節　緒　論

堯、舜、禹、湯、文、武、周公、孔子一脈相傳之道統，既爲我國文化精神之本源，且爲國人思想觀念之所繫，其影響於華夏者深矣！光輝所被，使我國文學莫不遵循道統，徵聖而宗經。

此道統經孔子而集其大成，至孟、荀二子，始彪炳而彰著。仲尼祖述堯舜，憲章文武。（中庸）天不生仲尼，萬古如長夜；夫子天縱聖哲，猶以堯舜文武爲法。然夫子才俊鴻懿，故能綜述經籍，垂訓於後世。文心雕龍原道篇云：

至夫子繼聖，獨秀前哲，鎔鈞六經，必金聲而玉振；雕琢情性，組織辭令，木鐸起而千里應，席珍流而萬世響，寫天地之輝光，曉生民之耳目矣！

孔子刪詩書、訂禮樂、制春秋、贊周易，融鑄六經而闡揚微旨；故夫子教化一出，千里嚮應，萬世同受其誨，生民之耳目於是聰明矣！

孟子主性善，師法孔子，而上溯堯舜，以爲先王之道者仁也，故主張推行仁政。公孫丑上篇云：

以不忍人之心，行不忍人之政，治天下可運諸掌上。

「不忍人之心」，仁也；「不忍人之政」，仁政也；亦即先王之道。故知孟子繼承道統而不悖，推尊孔子而顯耀。

堯舜之道，不以仁政，不能平治天下。（孟子滕文公篇）

道性善，言必稱堯舜。（孟子滕文公篇）

迨荀子之興，雖倡言師法後王，然亦時崇先王。此於荀子書中可稽之甚詳。

不聞先王之遺言，不知學問之大也。（勸學篇）

先王之遺言者何？先王之道也。先王之道者何？仁義是也。其見之於文學者，則莫明於訓詁經籍。然訓詁經籍者何？六經是也。故荀子以爲不學經典，則不知學問之博大；不存禮義，則有違爲學之宏旨。

學問如此，言行亦一以先王之道爲準。即所謂「非先王之法服不敢服，非先王之法言不敢道，非先王之德行不敢行。」

凡言不合先王，不順禮義，謂之姦言。雖辯，君子不聽。法先王，順禮義，黨學者，然而不好言，不樂言，則必非誠士也。（非相篇）

先王之道，仁之隆也，比中而行之。（儒效篇）

言行必順諸禮義；不合禮義之言，謂之姦言，非誠士也。君子必循此而行。

荀子既崇先王，故以先王之道作爲品評儒者行爲之標準，及等差儒者之高低。如：

儒者，法先王，隆禮義也。（儒效篇）

此儒者之所當行也。

不學問，無正義，以富利爲隆，是俗人者也。

略法先王而足亂無術，繆學雜舉，不知法後王而一制度，不知隆禮義而殺詩書；其衣冠行僞已同於世俗矣，然而不知惡；其言議談說已無異於墨子矣，然而明不能別；呼先王以欺愚者而求衣食焉；得委積足以揜其口，則揚揚如也；隨其長子，事其便辟，舉其上客，億然若終身之虜而不敢有他志，是俗儒者也。

法後王，一制度，隆禮義而殺詩書，其言行已有大法矣，然而明不能齊法教之所不及，聞見之所未至，則知不能類也；知之曰知之，不知曰不知，內不自以誣，外不自以欺，以是尊嚴畏法而不敢怠傲，是雅儒者也。法先王，統禮義，一制度；以淺持博，以古持今，以一持萬；苟仁義之類也，雖在鳥獸之中，若別白黑；倚物怪變，所未嘗聞也，所未嘗見也，卒然起一方，則舉統類而應之，無所儗怍；張法而度之，則晻然若合符節，是大儒者也。

俗人者，不學問，無正義也。俗儒者，略法先王而足亂世術也。雅儒者，法後王也。大儒者，法先王也。以法先王為儒之大者，故知荀子推崇先王之甚也。故荀子評惠施、鄧析則曰：「不法先王，不順禮義，而好治怪說，玩琦辭，甚察而不惠，辯而無用，多事而寡功，不可以為治綱紀。」評子思、孟軻則云：「略法先王而不知其統，然而猶材劇甚大，聞見雜博。案往舊造說，謂之五行，甚僻遠而無類，幽隱而無說，閉約而無解。」皆評其不法先王，不明禮義之統者故也。

荀子之法後王，蓋欲以此窺知先王之道也。

君子審後王之道，而論百世之前，若端拜而議。（不苟篇）

欲觀聖王之跡，則於其粲然者矣，後王是也。（非相篇）

先王之道遠，或湮沒而不聞，或條流而紛糅。故孔子歎曰：「夏禮吾能言之，杞不足徵也。殷禮吾能言之，宋不足徵也。文獻不足故也。足，則吾能徵之矣！」先王之道，或有載乎典籍者；然典籍或歷經浩刼，或語焉不詳，且其眞僞或有不辨者，如三墳、五典、九邱、八索是也。故將推原先王之道，曉喻聖人之旨，必循後王之制，以後王之法爲階，登之先王堂奥，此荀子法後王之因也。

爲學亦然，荀子以爲治學須有良師啟導；蓋欲明先王之道，而收事半功倍之效也。因：禮樂法而不說，詩書故而不切，春秋約而不速。（勸學篇）禮樂僅存法則，而無詳盡之說理；詩書雖記先王之事，而未必切合於今；春秋微辭婉晦，而未能觀辭立曉文義；故須待於良師之指導。故曰：「學莫便乎近其人」，又曰：「方其人之習君子之說，則尊以徧矣，周於世矣！」此皆循良師以窺先王之道者也。

擴而大之，則邦國之治平，亦莫不以先王之道爲據。如榮辱篇云：

夫貴爲天子，富有天下，是人情之所同欲也；然則從人之欲，則勢不能容，物不能贍也。故先王案爲之制禮義以分之，使有貴賤之等，長幼之差，智愚能不能之分，皆使人載其事，而各得其宜，然後使穀祿多少厚薄之稱，是夫群居合一之道也。

荀子主張小及個人修身，大而治國平天下，皆須本先王之道。故於文學上，特別推崇先王之遺言——六藝經典，以爲中國文學之本源。

第二節　中國文學根源於經典

文學源於自然。蓋日月麗天之象，山川煥綺之形，乃自然之文采也，初固不待於外鑠者也。惟人得以參贊天地造化之功，故與天地並稱三才。故彥和稱「心生而言立，言立而文明，自然之道也。」又如雲霞之雕色，草木之賁華，皆無待於畫工錦匠之巧藝，不須假於文飾而鮮艷美妙，故彥和云：「故形立則文生矣，聲發則章成矣！」文學源於自然者明矣！自然美好之文采，惟聖人法之而成經籍，故文心雕龍原道篇云：

言之文也，天地之心哉！

言而有文，始能弘揚天地之眞理，及描繪自然之文采。聖人既法自然而成經典，開啟中國文學之源，其仿自然文采之法又如何？文心雕龍原道篇云：

爰自風姓，暨於孔氏，玄聖創典，素王述訓，莫不原道心以敷章，研神理而設教，取象乎河洛，問數乎蓍龜，觀天文以極變，察人文以成化；然後能經綸區宇，彌綸彝憲，發揮事業，彪炳辭義。

聖人推原天地自然之精神，而敷陳鋪寫成文章；研究神明自然之理而設立教化。上觀天文以窮鑽自然之變化，下察人文以形成誨訓，故能立永久不變之大法，抒寫燦爛彪炳之辭文。文心雕龍宗經篇亦云：

三極彝訓，其書曰經。經也者，恆久之至道，不刊之鴻教也。故象天地，效鬼神，參物序，制人紀，洞性靈之奧區，極文章之骨髓者也。

我國文學之始，載於經典；滙百川而成大海，貫古今而勢益盛。所以能如此者，蓋經典如太山之徧雨，而河潤千里者也。經典，乃往聖先賢之遺言，故爲恆久之至道，不易之眞理，後世學者咸宗之，取以爲法。故彥和云：「是以往者雖舊，餘味日新，後進追取而非晚，前修久用而未先。」經典雖緜歷千古，然今細嚼其精義，則猶煥然若新；無論時、空之阻隔，均可供人取法，若不竭之泉也。故能「極文章之骨髓者也」。

自曹丕創言文章四體，典論論文云：「奏議宜雅，書論宜理，銘誄尚實，詩賦欲多。」後世之文體繁複，不可勝言；然試析之，則莫不由於五經。故文心雕龍宗經篇云：

故論說辭序，則易統其首；詔策章奏，則書發其源；賦頌詩讚，則詩立其本；銘誄箴祝，則禮總其端；記傳盟檄，則春秋爲根。

易、書、詩、禮、春秋之文體，乃後世文章體裁之源。五經雖然簡約，然其籠罩之範疇廣矣。如洶湧澎湃之水，必自涓涓潺湲之流。雖後世之變化多端，然實源於一頭。故彥和宗經篇云：「所以百家騰躍，終入環內者也。」

文術多端，文體繁類，雖才大如東坡者，亦未能窮其極也。惟究其旨，則不外聖人行文之四種義例，卽文心雕龍徵聖篇云：

或簡言以達旨，或博文以該情，或明理以立體，或隱義以藏用。

此四例卽「繁、略、隱、顯」，故春秋、喪服之文，不嫌其簡；豳詩、儒行之篇，不病其繁；書契取決斷之用，文章象離麗之義，故顯；易經四象之義曲隱，春秋五例之辭婉晦，故隱。

此四例者，行文之大體也，學者爲文，鮮能出其外，所謂萬變而不離其本也。故彥和云：「鑒周日月，妙極機神；文成規矩，思合符契。」卽宗經之謂也。

夫「道沿聖以垂文，聖因文而明道。」天地自然之文采，因聖人之闡揚而成篇章；聖人藉文章而彰明自然之道。故文章若能宗經，則其爲文美矣！如文心雕龍宗經篇所謂之「六義」也。

故文能宗經，體有六義：一則情深而不詭，二則風清而不雜，三則事信而不誕，四則義貞而不回，五則體約而不蕪，六則文麗而不淫。

情感深刻而不怪異，風骨清新而不繁雜，材料信實而不荒誕，義理正大而不迂曲，體式簡約而不蕪亂，文辭清麗而不淫濫。文章有此六大優點，已極文家之能事矣！然究其關鍵，宗經而已。就形式而言，則文心雕龍宗經篇亦云：

若稟經以製式，酌雅以富言，是卽山而鑄銅，煮海而爲鹽也。

師承經典以制定文章體式，斟酌經典雅麗之文采以豐富辭藻，則如「卽山鑄銅」、「煮海爲鹽」，取之不盡，用之不竭也。

文能宗經，則其爲用大矣！故序志篇云：

文章之用，實經典枝條；五禮資之以成文，六典因之以致用，君臣所以炳煥，軍國所以昭明，詳其本源，莫非經典。

吉、凶、軍、賓、嘉等五禮，因文章之助而更昭明；治、敎、禮、政、刑、事等六典，賴文章之用而發揮效果。君臣之義、軍國之事，也必依文章之美采而顯出光輝。故曰：「文章之用，實經典枝條。」若欲推本溯源，則經典也。故知中國文學之根源在經典。

第三節　荀子受授五經

昔孔子之於六經也，可謂盡心矣！孔門四科之中，獨子游、子夏承其學；斯時也，六經猶未彰著。後，曾子傳其學於子思，子思之門人傳其學於孟子。然孟子傾於唯心，貴道德，重內省。子夏傳其學於馯臂子弓，子弓數傳而至荀子。荀子則大異於孟子，而傾於文學；觀乎荀書，則引經據典之處甚多，亦可知矣。六經至此始大放異彩。

孔子於六經，雖有篳路藍縷，開物成務之功；然若不待荀子之受授經學，繼往開來，則其功不著，厥德不顯，我國文學將失其本源矣！故汪中荀卿子通論云：

荀卿之學，出於孔氏，而尤有功於諸經。

蓋自七十子之徒既歿，漢諸儒未興，中更戰國暴秦之亂，六藝之傳，賴以不絕者，荀卿也。周公作之，孔子述之，荀卿子傳之，其揆一也。故其說「霜降逆女」，與毛同義。禮論、大略二篇，穀梁義具在。又解蔽篇說卷耳，儒效篇說風、雅、頌，大略篇說魚麗，國風好色，並先師之逸典。又大略篇「春秋賢穆公，善胥命」，則為公羊春秋之學。楚元王交本學於浮邱伯，故劉向傳魯詩、穀梁春秋，劉歆治毛詩、左氏春秋，董仲舒治公羊春秋，故作書美荀卿，其學皆有所本。劉向又稱荀卿善為易，其義亦見非相、大略二篇。蓋荀卿於諸經無不通，而古籍闕之，其授受不可盡知矣！

荀子傳述經典之功者若此。今試析荀子受授經學之次如下：

子夏傳曾申，申傳魏人李克，克傳魯人孟仲子，孟仲子傳根牟子，根牟子傳趙人孫卿子，

孫卿子傳魯人大毛公。（汪中荀卿子通論）

子夏、曾申、李克、孟仲子、根牟子、荀子、大毛公。蓋毛詩之傳也。

漢書楚元王交傳：「少時嘗與魯穆生、白生、申公同受詩於浮邱伯；伯者，孫卿門人也。」鹽鐵論云：「包邱子與李斯俱事荀卿。」劉向敘云：「浮邱伯受業，爲名儒。」

漢書儒林傳：「申公，魯人也，少與楚元王交俱事齊人浮邱伯受詩。」又云：「申公卒以詩、春秋授，而瑕邱江公盡能傳之。」由是言之，魯詩，荀卿之傳也。（汪中荀卿子通論）

荀子傳浮邱伯，浮邱伯傳楚元王交、魯穆公、白生、申公，而申公傳瑕邱江公，蓋魯詩之傳也。

韓詩之存者，外傳而已，其引荀卿子以說詩者四十有四。由是言之，韓詩，荀卿子之別子也。（汪中荀卿子通論）

韓詩，荀子傳之也。

經典敘錄云：「左邱明作傳，以授曾申，申傳衞人吳起，起傳其子期，期傳楚人鐸椒，椒傳趙人虞卿，卿傳同郡荀卿名況，況傳武威張蒼，蒼傳洛陽賈誼。」由是言之，左氏春秋，荀卿之傳也。（汪中荀卿子通論）

左邱明、曾申、吳起、吳期、鐸椒、虞卿、荀子、張蒼、賈誼，蓋左氏春秋之傳也。儒林傳云：「瑕邱江公受穀梁春秋及詩于魯申公，傳子至孫爲博士。」由是言之，穀梁春秋，荀卿子之傳也。（汪中荀卿子通論）

荀子、浮邱伯、申公、瑕邱江公，蓋穀梁春秋之傳也。

荀卿所學，本長于禮。儒林傳云：「東海蘭陵孟卿善爲禮、春秋，授后蒼、疏廣。」引向敍云：「蘭陵多善爲學，蓋以荀卿也。長老至今稱之，曰蘭陵人喜字爲卿，蓋以法荀卿。」又二戴禮並傳自孟卿，大戴禮曾子立事篇，載修身大略二篇文；小戴樂記、三年問、鄉飲酒義篇，載禮論、樂論篇文。由是言之，曲臺之禮，荀卿之支與餘裔也。（汪中荀卿子通論）

荀子、孟卿、后蒼、疏廣，蓋曲臺禮之傳也。

荀子受授經籍，清儒汪中荀卿子通論已論之甚詳。至如易、春秋、公羊春秋者，雖「古籍闕亡，其受授不可盡知」。然汪氏以爲荀書中亦嘗言及，故仍經荀子之受授而傳於世也。昔劉師培氏嘗云：「子夏、荀卿皆傳六藝之學者也，是爲漢學之祖。」洵不誣也。

第四節　荀子文學宗經內容

勸學篇云：「禮之敬文也，樂之中和也，詩書之博也，春秋之微也，在天地之間者畢矣！禮、樂、詩、書、春秋五者，荀子以爲「在天地之間者畢矣！」故知荀子推崇五經之甚也。

荀子既法先王，受授五經，以禮義爲立身處世之則，故主張文必宗經。君子之學如此，小人之學則反是。觀乎荀子一書，引經據典以證其說處甚多，由此亦可推知荀子文學宗經之一端也。如勸學篇云：

學惡乎始？惡乎終？曰：其數則始乎誦經，終乎讀禮；其義則始乎爲士，終乎爲聖人。

經，指詩、書、樂及狹義之禮等類；禮指典章、禮制之類，即廣義之禮也。荀子以爲治學之初，當以誦讀經書爲主，以研鑽禮法爲終，即「不聞先王之遺言，不知學問之大也。」蓋聖人言行載之經籍，雖歲歷縣曖，猶有可考，可供後世執持而遵循者，經典也。故荀子主張初學者必宗經，並以之爲教本。精通經籍，始能進而明禮，瞭解當時之禮制，而達經世致用之效。故荀子以誦經，讀禮勉學者當爲士、爲君子、爲聖人。論語顏淵篇云：「博學於文，約之以禮，亦可以弗畔矣夫！」此之謂也。

勸學篇云：

故書者，政事之紀也；詩者，中聲之所止也；禮者，法之大分，類之綱紀也。故學至乎禮而止矣，夫是之謂道德之極。

書、詩、禮三者，皆言聖人之旨，小而修身養性，大而治國平天下，皆賴之也。荀子主張以誦讀經書爲基礎。以有用於世爲目標。爲學務須精博，然亦貴重實踐，即孔子所云：「學而優則仕」之意。蓋當時紛亂相循，風俗凋弊，兵革隨之而起，爭戰徧於到處；凡君子者，莫不疾痛之，各執己說，欲以匡亂世，正人心也。

儒效篇云：

聖人也者，道之管也，天下之道管是矣！百王之道一是矣！故詩、書、禮、樂之道歸是矣！詩言是其志也，書言是其事也，禮言是其行也，樂言是其和也，春秋言是其微也。

詩以言志，書以言事，禮以言行，樂以言和，春秋以言微旨，此皆聖人之意也。故學者，學爲聖人也。禮論篇云：「故學者，固學爲聖人也。」解蔽篇云：「故學也者，固學止之也。惡乎止之？曰：止諸至足。曷謂至足？曰：聖也。」聖人之道何在？文心雕龍徵聖篇云：「夫作者曰聖，述者曰明，陶鑄性情，功在上哲。夫子文章，可得而聞，則聖人之情，見乎文辭矣！先王聖化，布在方册；夫子風采，溢於格言。」此卽聖人之道，卽孔子所刪之詩書，所訂之禮樂，所制之春秋，所贊之周易是也。

荀子書中，於勸學篇及儒效篇中，雖兩舉五經，惟獨未及於易。然荀書引易證說者亦有三處，由此可以推知荀子之重易也。如：

一、非相篇：

引易坤卦六四爻：「括囊無咎無譽」之語，以譬腐儒之「好其實不恤其文，是以終身不免埤汚傭俗。」

二、大略篇：

引易咸卦，以明夫婦之道，不可不正。咸卦艮下兌上，艮爲少男，兌爲少女，故曰見夫婦。易說卦篇云：「有天地，然後有男女；有男女，然後有夫婦；有夫婦，然後有父子；有父子，然後有君臣。」故知夫婦爲五倫之本也。荀子引易以明之。

三、大略篇：

引小畜卦初九爻：「復自道，何其咎」之辭，以述春秋賢秦穆公能自悔其過而歸於道，作秦誓之事。

由此三則，知荀子亦重易經明矣！荀子宗經，故能奠定中國文學「文道合一」之理論，及文學批評之精神。

第二章　荀子文學實用理論

第一節　時代背景

荀子生當戰國末世，紛擾動盪，戰亂疊起；風俗澆薄，道德日弊。所謂「君不君，臣不臣，父不父，子不子」之時也。故「荀卿嫉濁世之政，亡國亂君相屬，不遂大道。」於是「推儒墨道德之行事興壞，序列數萬言而卒。」當時之政治情況，可由史記六國年表序窺知：

> 穆公修政，東竟至河，則與齊桓、晉文中國侯伯侔矣！是後陪臣執政，大夫世祿，六卿擅晉權，征伐會盟，威重於諸侯。及田常殺簡公而相齊國，諸侯晏然弗討，海內爭於戰功矣！三國終之卒分晉，田和亦滅齊而有之，六國之盛自此始。務在彊兵并敵，謀詐用而從衡短長之說起。矯稱蠭出，誓盟不信，雖置質剖符猶不能約束也。

秦穆公與齊、晉爭雄，三家分晉，田氏簒齊，天下大亂矣！軍國主義盛行，務在富國而强兵；謀術詐僞競興，縱横之術流行。此時，凡有志之士，莫不各持己說，欲以匡世；故諸子百家驟起，異端邪說叢至。如韓詩外傳卷四云：

夫當世之愚，飾邪說，文姦言以亂天下，欺惑愚衆，使混然不知是非治亂之所存者，卽范睢、魏牟、田文、莊固、愼到、田駢、墨翟、宋鈃、鄧析、惠施之徒也。此十子者，皆順非而澤，聞見雜博，然而不師上古，不法先王，按往舊造說，務而自功，道無所遇。

當時思想紛岐紊亂，可見於一般。故孟子滕文公下篇云：「聖王不作，諸侯放恣，處士横議。」又云：「豈好辯哉？予不得已也。」

天下旣亂，諸子爭輝，各思展抒抱負，實現己說。故當時之論說著述，莫不以實用爲主，卽言以表意而已。荀子身爲大儒，嫉濁世之囂亂，道德之日衰，故倡人性本惡，務隆禮義、化師法、積文學而化性起僞，以矯時弊，故著有荀子一書，以發揚淑世振俗之旨；故知荀子之於荀書也，以實用爲主，不尙辭采。

第二節　文學以實用爲主

正名篇云：

聖王沒，天下亂，姦言起；君子無勢以臨之，無刑以禁之，故辯說也。

荀子欲振俗頹，故辯說也。然荀子之實用思想乃源於先王之道，即詩、書、禮、樂、易、春秋六經是也。以六經之文學實用理論，勉人勤學以化道，而達於聖人之境。今分述之如后：

一、詩

詩言是其志也。（儒效篇）

詩以言志爲本，即毛詩序所云：「詩者，志之所之也。在心爲志，發言爲詩。情動於中而形於言；言之不足，故嗟歎之；嗟歎之不足，故永歌之；永歌之不足，不知手之舞之，足之蹈之也。」詩以言志，不但建立傳統文學理論，且後世文學批評亦宗之。故文心雕龍情采篇云：「昔詩人什篇，爲情而造文；辭人賦頌，爲文而造情。何以明其然？蓋風雅之興，志思蓄憤，而吟詠情性，以諷其上，此爲情而造文也。諸子之徒，心非鬱陶，苟馳夸飾，鬻聲釣世，此爲文而造情也。故爲情者，要約而寫眞，爲文者，淫麗而煩濫。」

情者，志也。詩人者，詩三百篇之作者也。辭人者，漢賦之作家也。彥和以爲詩經之創作，乃詩人欲發抒苦悶，藉以吟詠情性，而諷諫君王。漢之賦家則無愁鬱之情，但憑賣弄才學，誇張藻飾而已。故彥和以爲「爲情而造文」者，內容雖精要簡約，却能具體表達眞情實性。「爲文而造情」者，措辭雖華美艷麗，然却流於繁瑣詭濫。以是否言志，作爲品評文學作品之據者，當自荀子始。

詩者，中聲之所止也。（勸學篇）

詩三百篇，皆古樂章也。古詩、樂不分，詩必配樂以吟唱。詩經由民歌纂集而成，故從詩經可觀各地之風俗。惟詩經「國風好色而不淫，小雅怨悱而不亂。」「溫柔敦厚，詩教也。」故知詩經乃中正和平之樂章也。昔吳公子季札聘魯而觀樂，每每歎於詩經之中和也。荀子重視詩經，故書中引詩之處甚多。或斷章取義以喻己意，或擷取詩義以證其說。如解蔽篇引詩：

采采卷耳，不盈傾筐。嗟我懷人，置彼周行。

詩周南卷耳第一章，本爲婦人思其遠人之辭。詩意爲采之又采，不滿傾筐。因心中懸念君子，故將筐簍置於大道之旁。然荀子引詩以譬聖王之爲治天下也，必專一而戒愼恐懼，故能成其大。智者惟擇一道而專心致志，始能兼通萬物之理。如傾筐易滿，卷耳易得，然不滿而置之道旁者，心不專一故也。此斷章取義也。

勸學篇引詩：

嗟爾君子，無恆安息。靖共爾位，好是正直。神之聽之，介爾景福。

詩小雅小明第五章，本爲詩人戒其僚友，不得時處安逸，須心懷篤敬而恭守其位，則神明知之，必賜以大福。荀子引詩以喻「學不可以已」，勉以勤學化道也。欲智慧之澄明，行爲之無疵，則端賴於學。此擷取詩之精義者也。

又引逸詩：

禮義之不愆，何恤人之言兮。

遵禮由義，言行無缺，何須顧及他人批評。荀子引詩以證天有常道，地有常數，君子有常體，不因小人之洶洶不休而輟行。所謂「君子不憂不懼」也。此引逸詩也。

荀子或引一詩於不同篇章中，作不同之比擬，如詩曹風鳲鳩第三章：

淑人君子，其儀不忒。其儀不忒，正是四國。

淑人君子，儀度有常而無失，可爲四方之楷模。荀書引此詩以明其說者三：

㈠ 富國篇：

喻仁人之治國，非特持其所有，且將兼人之長；修其志意，端其言行，盡其崇高，達其忠信，極其條理，故邦國得以大治。

㈡ 議兵篇：

喻仁者用兵，所以禁暴止亂，非爲爭奪也。

喻人主德備而不矜其功，則能善用衆功，而天下不能與之爭能。

㈢ 君子篇：

荀子或欲申述一理，而引數詩以證其義。如宥坐篇引詩：

尹氏大師，維周之氐。秉國之均，四方是維。天下是庳，卑民不迷。（詩小雅節南山第三章）

周道如砥，其直如矢。君子所履，小人所視。眷焉顧之，潸焉出涕。（詩小雅大東第一章）

節南山之詩，乃尹氏大師位高勢尊，而不能稱其職之刺也。大東之詩，則大道砥平，爲君子所當循行，然今不然，故詩人潸焉出涕以賦詩。荀子引此二詩，以述人君之處上也，必以身作則，敷陳先王之道，舉賢而斥不能。若不能率道而行，則危滅將至矣！

詩以言志，且爲中聲之所止也；荀子以此建立文學理論及批評標準。縱觀荀子全書之引詩證說，可知荀子之重視詩教也。

二、書

書言是其事也。（儒效篇）

故書者，政事之紀也。（勸學篇）

漢書藝文志曰：「左史記言，右史記事，事爲春秋，言爲尙書。」書分虞、夏、商、周四目，乃古代史事之記載。鑑古知今，此尙書之用也。故荀子崇之。尙書大傳嘗舉七觀之目：

孔子曰：六誓可以觀文，五誥可以觀仁，甫刑可以觀誠，洪範可以觀變，禹貢可以觀事，皐陶可以觀治，堯典可以觀美。

六誓者，甘、湯、泰、牧、費、秦是也。五誥者，酒、召、洛、大、康是也。七觀之目，乃尙書之用也。故文心雕龍宗經篇云：「書標七觀」。又云：「故子夏歎書，昭昭若日月之代明，離離如星辰之錯行，言照灼也。」蓋美尙書雖爲古代政事之實錄，然其奧義却可發人深省。

荀子引書以明其說者甚多，如：天論篇引書：

無有作好，遵王之道。無有作惡，遵王之路。

尙書洪範篇，謂不可有所偏好，惟王者之大道是遵；不可有所偏惡，惟王者之大路是循。荀子引此文以喻「萬物爲道一偏，一物爲萬物一偏，愚者爲一物一偏，而自以爲知道，無知也。」故批評愼子有見於後，而無見於先，故群衆無門；老子有見於詘，而無見於信，故貴賤不分；墨子有見於齊，而無見於畸，故政令不施；宋子有見於少，而無見於多，故群衆不化。此荀子引書之意也。

荀子亦嘗引諸逸書以喻其說，如臣道篇引逸書：

從命而不拂，微諫而不倦，爲上則明，爲下則遜。

順從命令而不拂逆，微婉勸諫而不倦怠；如此，居上則明達，處下則謙遜。荀子引此文以述事奉暴君、中等之君、聖君之法，及勸誡之時宜。此引逸書之意也。

荀子推崇書經，蓋欲廣其義理，而爲後世有所殷鑑，有所持循也。

三、禮

禮者，法之大分，類之綱紀也。（勸學篇）

楊倞注云：「禮，所以爲典法之大分，統類之綱紀。類，謂禮法所無，觸類而長者，猶律條之比附。」又「禮之敬文也。」敬發於內，文行於外。此言禮之體也。

荀子於六經中，首重於禮；小而修身，大而治國，均賴禮以成之。如：

禮者，人道之極也。（禮論篇）

禮者，人之所履也；失其履，必顛蹶陷溺。（大略篇）

禮者，所以正身也。（修身篇）

此言禮爲一切言行之準則。又：

國無禮則不正，禮之所以正國也。（王霸篇）

禮者，人主之所以爲群臣寸尺尋丈檢式也。人倫盡矣。（儒效篇）

此言禮於政治之功用也。

荀子隆禮，然禮之起源爲何？禮論篇云：

禮起於何也？曰：人生而有欲，欲而不得，則不能無求，求而無度量分界，則不能不爭。爭則亂，亂則窮。先王惡其亂也，故制禮以分之，以養人之欲，給人之求，使欲必不窮乎物，物必不屈於欲，兩者相持而長，是禮之所起也。故禮者，養也。

「人之性惡，其善者僞也。」荀子既主性惡之說，乃力倡隆禮重法，蓋人生而有欲，故爭奪起焉；聖人有感於此，乃制訂禮法，使百姓有所依循，而不及於亂。故禮之起源，實由於「分」與「養」也。又，禮之制訂，乃根據三大原則，即禮之三本也。禮論篇云：

禮有三本：天地者，生之本也；先祖者，類之本也；君師者，治之本也。無天地惡生？無先祖惡出？無君師惡治？三者偏亡焉，無安人。故禮上事天，下事地，遵先祖而隆君師，是禮之三本也。

荀子以禮爲六經之樞紐，若無禮，則六經將失其運轉之關鍵。如勸學篇云：

將原先王，本仁義，則禮正其經緯蹊徑也。若挈裘領，詘五指而頓之，順者不可勝數也。不道禮憲，以詩、書爲之，猶以指測河也，以戈舂黍也，以錐飡壺也，不可以得之矣！

禮，可以藉之以究先王之道，以鑽聖王之理。若失禮而不顧，雖研讀詩、書，亦無助瞭解先王之道。故陳澧東塾讀書記嘗謂論語一書中，言及禮者四十餘條，以爲孔子雖以仁爲德之總名，然猶須與禮配合也。

荀子隆禮，故勸學者之治學，務以明禮達義爲極致。勸學篇云：

學惡乎始？惡乎終？曰：其數則始乎誦經，終乎讀禮。

故學至乎禮而止矣，夫是之謂道德之極。

道德之極者，明禮也。惟荀子之禮，貴於實踐，故儒效篇云：

禮言是其行也。

人之爲學，雖知書達禮，然若不及於行，無用也。故孔子歎曰：「知之者，不如好之者；好之者，不如行之者。」此之謂也。故曰：「禮言是其行也。」

禮之爲用大矣哉！故文心雕龍宗經篇云：

禮正五經。

五經者，五種經常不變之大法，卽吉、凶、軍、賓、嘉。又云：

禮以立體，據事制範；章條纖曲，執而後顯，採掇片言，莫非寶也。

禮乃用以建立人倫之體制，根據事實而制定行爲規範；章節條目雖然纖細繁瑣，然若切實執行，則其奧義彰顯，微旨可見矣！

四、樂

樂言是其和也。（儒效篇）

樂之中和也。（勸學篇）

樂所以陶鑄性情，化戾氣爲祥和，可收潛移默化之功。故樂論篇云：「樂以導其和。」「樂者，天下之大齊也，中和之紀也。」此之謂也。

墨子非樂上云：「樂者，聖王之所非也，而儒者爲之，過也。」墨子主張非樂，以爲音樂無益於國計民生。故荀子以爲墨子亦蔽於一曲！惟其無用，所以爲大用也。管仲有言：「無翼而飛者，聲也；無根而固者，情也。」音樂可化人於無形，其薰陶之功大矣！

荀子宗經，重視樂教，故樂論篇云：

夫聲樂之入人也深，其化人也速，故先王謹爲之文。

樂有多類，雅音固足取化，鄭聲則適足以蠱惑人心，敗壞風俗。故樂論篇云：

故先王貴禮樂而賤邪音。

荀子重樂，主張以雅樂端正人心，使樂而不流於亂。故將制樂，必有三大原則，即審一以定和，比物以飾節，合奏以成文。故荀子以爲制樂之目的，在於求和，以節人情。

五、春秋

春秋言是其微也。（儒效篇）

春秋之微也。（勸學篇）

春秋爲孔子所制，殆無異議；一字褒貶，而亂臣賊子懼。故春秋之旨婉晦隱微，寓含深意。文心雕龍宗經篇云：

春秋辨理，一字見義。

春秋則觀辭立曉，而訪義方隱。

荀子推崇春秋，蓋因春秋之微言大義，足供後人警惕、取法也。

春秋寫作之體例有五，後世學者亦仿之。杜預春秋左氏傳云：

爲例之情有五：一曰微而顯；二曰志而晦；三曰婉而成章；四曰盡而不污；五曰懲惡而勸善。

詩以言志，首創文道合一之精神，並作爲後世品評文章之標準。尚書爲文簡潔，乃我國散文之源。禮經樞紐五經，所以崇人倫之極，立行文之德。樂以道中和，可使文章雅麗而不淫。春秋褒貶，寫作五例，後世文家取其含蓄蘊藉，婉約省淨。五經之於文學也深矣！故荀子重之。昔黃季剛文心雕龍札記云：

宗經者，則古昔，稱先王，而折衷於孔子也。夫六經所載，政教學藝耳。文章之用，隆之至於能載政教學藝而止。

可知文學宗經者，貴於實用也。

第三章　荀子文學體裁析辨

荀子「嫉濁世之政，亡國亂君相屬。」故著荀子一書，以闡其說，欲匡俗而濟世。荀子爲文，主於實用，藉以宣揚經世致用之學，勉時人當法先王，故荀子文章以說理爲主。

第一節　散　文

荀子散文，氣勢暢盛，博辯明透；鋒出穎發，雄肆曠達。凡所持論，皆引文引說，援古以證今；文以言志，輒承先王之道以爲據。直說其理，務使理盡；不尚辭采，但求表意而已。

故文心雕龍諸子篇評云：

研夫孟荀所述，理懿而辭雅。

說理美善，措辭典雅，荀子文學之特色也。

荀子既生紛亂之世，諸子爭鳴、邪說橫放之時，欲矯時弊，故著書立說，主張推崇先王，順禮由義。非十二子篇云：

多言而類，聖人也；少言而法，君子也；多少無法而流湎然，雖辯，小人也。

辯說譬喻，齊給便利，而不順禮義，謂之姦說。

著書辯說，在於闡述聖人之道，發揮濟世思想；捨此而不由，雖巧佞，君子不取也。故非相篇云：「凡言不合先王，不順禮義，謂之姦言，雖辯，君子不聽。」荀子宗經，師法孔子，一以弘揚道統為己志，彰顯禮義為急務；故其為文雅懿，雖激而不切，雖辯而不誹，誠如文心雕龍所云：「徵聖立言，則文其庶矣！」「文能宗經，體有六義。」

荀子主張文貴實用，即以贊述聖人之道為本；影響於後世「文以載道」之論頗深。大略篇云：

人之於文學也，猶玉之於琢磨也。詩曰：「如切如磋，如琢如磨。」謂學問也。和之璧，井里之厥也，玉人琢之為天下寶。子夏、季路，故鄙人也，被文學，服禮義，為天下列士。

荀子主性惡之說，以為「人之性惡，其善者偽也。」故須隆禮義、積文學，以化性起偽。文學之於人也，猶玉之於琢磨也；雖有子夏、季路之才，若不習於文學，遵循禮義，則仍不免爲鄙人。

荀子文學，「以立意爲宗，不以能文爲本。」其所謂文學，實已寓含政治教化。即論語邢昺疏文學爲「文章博學」，指學術而言，與後世文學之意有別。

第二節　賦

漢書藝文志載孫卿賦十篇，今荀書僅存其五：禮賦、知賦、雲賦、蠶賦、箴賦是也。

一、禮賦：楊倞注云：

言禮之功用甚大，時人莫知，故荀卿假爲隱語問於先王，云臣但見其功，亦不識其名，唯先王能知，敢請解之先王，因重演其義而告之。

二、知賦：楊倞注云：

此論君子之知明，小人之知不然也。

三、雲賦：楊倞注云：

雲所以潤萬物，人莫之知，故於此具明也。

四、蠶賦：楊倞注云：

蠶之功用至大，時人鮮知其本。詩曰：婦無公事，休其蠶織，戰國時此俗尤甚，故荀卿感而賦之。

五、箴賦：楊倞注云：

末世皆不脩婦功，故託辭於箴，明其爲物微，而用至重，以譏當世也。

大儒孫卿及楚賢臣屈原，離讒憂國，皆作賦以諷，咸有惻隱古詩之義。（班固詩賦略）

前世爲賦者，有孫卿、屈原，有古詩之義。（摯虞文章流別論）

「賦者，古詩之流也。」「賦也者，受命於詩人，拓宇於楚辭者也。」賦本詩六義之一，經屈原、荀卿之開創，遂由附庸蔚爲大國，成爲獨立之文體。屈、荀二人，爲辭賦之祖；然屈原本無賦名，以賦名篇者，則始於荀子。荀子之短賦，實開後世賦體之先河。荀子雖承屈原之長篇騷賦，然其短賦以說理爲主，充滿教訓意味，實與漢代散文賦之形式相近，而缺乏騷辭之濃郁情感與優美韻律。如禮賦：

爰有大物，非絲非帛，文理成章；非日非月，爲天下明。生者以壽，死者以葬。城郭以固，三軍以强。粹而王，駁而伯，無一焉而亡。臣愚不識，敢請之王。王曰：此夫文而不采者歟？簡然易知，而致有理者歟？君子所敬，而小人所不者歟？性不得則若禽獸，性得之則甚雅似者歟？匹夫隆之則爲聖人，諸侯隆之則一四海者歟？致明而約，甚順而體，請歸之禮—禮。

雖爲賦篇，仍本先王禮義之旨。平鋪直敍，不加夸飾；純粹說理，循序漸進；大異於楚辭之憂愁悒鬱，發抒情感，而爲後世說理賦之祖。

荀卿五賦，均採問答形式，然與屈原之卜居、宋玉之對楚王問有別，如知賦：

皇天隆物，以施下民，或厚或薄，常不齊均。桀紂以亂，湯武以賢。涽涽淑淑，皇皇穆穆。周流四海，曾不崇日。君子以脩，跖以穿室。大參乎天，精微而無形，行義以正，事業以成。可以禁暴足窮，百姓待之而後泰寧。臣愚不識，願問其名。曰：此夫安寬平而危險隘者邪？脩潔之爲親，而雜汙之爲狄者邪？甚深藏而外勝敵者邪？法禹舜而能弇迹者邪？行爲動靜待之而後適者邪？血氣之精也，志意之榮也，百姓待之而後寧也，天下待之而後平也，明達純粹而無疵也，夫是之謂君子之知—知。

先設問，後答題。以上天所賦于人者，桀紂賴之以暴，湯武因之而聖，百姓求之以寧，天下待之而平設問；後，以君子之知作答。此種問答形式，廣爲漢代賦家採用。如賈誼鵩鳥賦取其賦名，枚乘七發用其形式；司馬相如、揚雄等，莫不承其問答形式，而卒成大家。西漢之答客指事、述居戎獵等長篇古賦，三國、六朝「觸興致情，因變取會」之短篇徘賦，莫不由此產生。於是文道合一之傳統文學理論建立矣！

荀賦雖然詠物，實已寓含深意矣！藉具體或抽象之事物，以論說其理；雖然，却爲漢代詠物賦之濫觴。如雲賦：

有物於此，居則周靜致下，動則綦高以鉅，圓者中規，方者中矩，大參天地，德厚堯禹，精微乎毫毛，而充盈乎大寓。忽兮其極之遠也，攭兮其相逐而反也，卬卬兮天下之咸蹇也。德厚而不捐，五采備而成文，往來惛憊，通于大神，出入甚極，莫知其門。天下失之則滅，得之則存。弟子不敏，此之願陳，君子設辭，請測意之。曰：此夫大而不塞者與？充盈大宇而不窕，入郄穴而不偪者與？行遠疾速，而不可託訊者與？往來惛憊，而不可爲固塞者與？暴至殺傷，而不億忌者與？功被天下，而不私置者與？託地而游宇，友風而子雨，冬日作寒，夏日作暑，廣大精神，請歸之雲—雲。

雲賦則先狀其靜止、游動之形，次敘其廣大周徧之質，末比君子之德，可參贊天地而無私，施惠下民而無所不被。雖似詠雲，實爲說理。

文心雕龍詮賦篇云：「荀結隱語，事數自環。」又諧隱篇云：「君子嘲隱，化爲謎語。謎也者，迴互其辭，使昏謎也。或體目文字，或圖象品物，纖巧以弄思，淺察以衒辭，義欲婉而正，辭欲隱而顯。荀卿蠶賦，已兆其體。」荀子賦篇，先狀物之形態、性質，極力鋪寫以設問；對答亦不直接點題；以疑問口吻敷陳，其體頗近於隱語。如蠶賦：

有物於此，儳儳兮其狀，屢化如神，功被天下，爲萬世文。禮樂以成，貴賤以分，養老長幼，待之而後存。名號不美，與暴爲鄰。功立而身廢，事成而家敗。棄其耆老，收其後世。人屬所利，飛鳥所害。臣愚不識，請占之五泰。五泰占之曰：此夫身女好，而頭馬首者與？屢化而不壽者與？善壯而拙老者與？有父母而無牝牡者與？冬伏而夏游，食桑而吐絲，前亂而後治，夏生而惡暑，喜溼而惡雨，蛹以爲母，蛾以爲父，三俯三起，事乃大已，夫是之謂蠶理—蠶。

問者首先陳述蠶之外形、功用；繼而暗示蠶之名號、性質；末請五泰占之爲何物。答者則先不作肯定之語，以疑問之辭演繹分析，再行揭明題旨。此與「遯辭以隱義，譎譬以指事」之隱語相類。隱、謎之體，表現於賦篇者，始於荀卿。

賦篇雖以鋪采摛文，直書其事爲主，然荀賦之作用則與其散文無異，一以上承先王之訓，下誨後學之載道文學觀爲體。如箴賦：

有物於此，生於山阜，處於室堂。無知無巧，善治衣裳。不盜不竊，穿窬而行。日夜合離，以成文章。以能合從，又善連衡。下覆百姓，上飾帝王。功業甚博，不見賢良。時用則存，不用則亡。臣愚不識，敢請之王。王曰：此夫始生鉅，其成功小者邪？長其尾而銳其剽者邪？頭銛達而尾趙繚者邪？一往一來，結尾以爲事。無羽無翼，反覆甚極。

尾生而事起，尾邅而事已。簪以爲父，管以爲母。既以縫表，又以連裏，夫是之謂箴理—箴。

箴賦充滿敎訓之意。荀子感於末世之不修婦功，故託辭以諷之，欲振頹俗。故楊倞注云：

「所賦之事，皆生人所切，而時多不知，故特明之。」

第三節　佹詩

佹詩之體例與賦篇不同，應獨立成篇。佹詩，楊倞注云：「佹異激切」，楊樹達以爲「佹，假爲恑。說文：恑，變也。」佹異激切之詩，如詩經之變風變雅也。如賦篇所附之佹詩：

天下不治，請陳佹詩。天地易位，四時易鄉。列星殞墜，旦暮晦盲。幽闇登昭，日月下藏。公正無私，見謂從横。志愛公利，重樓疏堂。無私罪人，憼革貳兵。道德純備，讒口將將。仁人絀約，敖暴擅彊。天下幽險，恐失世英。螭龍爲蝘蜓，鴟梟爲鳳凰。比干見刳，孔子拘匡。昭昭乎其知之明也，郁郁乎其遇時之不祥也，拂乎其欲禮義之大行也，闇乎天下之晦盲也，皓天不復，憂無疆也。千歲必反，古之常也。弟子勉學，天不忘也。聖人共手，時幾將矣。與愚以疑，願聞反辭。

其小歌曰：念彼遠方，何其塞矣！仁人絀約，暴人衍矣。忠臣危殆，讒人服矣！

「天下不治，請陳佹詩」，已說明荀子爲文之目的，乃在於敷陳教化，弘揚先王之道。佹詩如同賦篇、散文，形式雖各有異，然以韻語說理則同。故知荀子「凡言不合先王，不順禮義，謂之姦言，雖辯，君子不聽。」之文學思想，前後一貫，脈絡相連。

荀子視文學爲挽救狂瀾，治平天下之器，影響所及，兩漢除策論章奏外，抒情作品獨少，而說理美刺之賦顯耀；劉勰論文亦本徵聖宗經之旨；降及唐、宋，「文以載道」之說盛行；此莫不源於荀子之文學實用思想。

第四節　成相辭

荀子成相辭有三，爲我國鼓兒詞之祖。楊倞注云：「雜論君臣治亂之事，以自見其意，故下云託於成相以喻意。」漢書藝文志謂：「成相雜辭，蓋亦賦之流也。」荀子成相篇，亦爲說理、弘揚大道之作也。如：

請成相，世之殃，愚闇愚闇墮賢良。人主無賢，如瞽無相何倀倀。

請布基，愼聖人，愚而自專事不治。主忌苟勝，群臣莫諫必逢災。
世之災，妬賢能，飛廉知政任惡來。卑其志意，大其園囿高其臺。
世之衰，讒人歸，比干見刳箕子累。武王誅之，呂尙招麾殷民懷。

成相篇雖以說理爲主，然於敘述聖賢之道，間入史事，使不流於枯澀、呆板。成相辭於當時，或可以簡單之樂器伴唱。「成相歌調，實戰國時民間歌謠之一體，而爲其常用者，故荀卿用其調以言治道，而諷當世。其唱敲鼓以爲節，實今大鼓書之始祖。」又東坡志林亦云：「孫卿子書，有韻語者，其言鄙近。成相者，蓋古歌謠之名也。」可知成相辭爲歌謠或道情式之曲調。荀子以當時流行民間之歌謠，舖敘爲治天下之大道，非但易於傳誦，且可收諷諫規勸之效，頗合荀子「短道不行，發憤著書」之旨。

荀子成相辭以「請成相」、「請布基」起文，以「請牧基」換調。每章五句，二十四字，一套由若干章構成，章數自由，視題材而定。觀成相辭之句法，第一、二句皆三字，第三句七字，第四句四字，第五句七字；其七字之句法，已成定型。

鼓兒詞起於北宋，如趙令畤侯晴錄之商調蝶戀花十二闋。迨至元明，蛻化爲彈詞與鼓詞二類。彈詞流行於南方，唱詞以七字爲主，間以三言襯之，或七字化爲兩句三言。鼓兒詞盛行於北方，初爲十字句，後化爲三、七字句。彈詞、鼓詞皆以七字爲主，故盧文弨嘗云：

「審此篇音節，即後世彈詞之祖。」

縱觀荀子之文章四體，雖各殊異，然皆以說理、闡說爲主。荀子文道合一之文學理論，文章體裁之創制，影響於後世者深矣！

第四章　孔孟荀文論之比較

論語先進篇云：「文學，子游、子夏。」文學，邢昺論語疏云：「文章博學則有子游、子夏二人。」故知論語所謂之文學，蓋指文章與博學二科。孔子論詩時，偏於文章之義，如論語陽貨篇云：「詩，可以興，可以觀，可以群，可以怨。」論文時，偏於博學之義，如論語公冶長篇云：「敏而好學，不恥下問，是以謂之文也。」孔子文學雖含此二科，然究其旨，實指學術而言。蓋先秦之時，文學與學術不分；當時諸子爭鳴，各競其說以干君王，以求有用於世，以展伸生平之志，故皆「以立意爲宗，不以能文爲本。」儒家之文學觀念如此，先秦諸子之觀念亦莫不如此。如墨子兼愛下篇云：

用而不可，雖我亦將非之，且焉有善而不可用者。

反對崇尚文采，以爲善者必可實用於世，善而不能用者，亦非善矣！亦合文貴應用之說也。

第一節　文必宗經

一、孔子

行有餘力，則以學文。（論語學而篇）何晏集解引馬融注云：「文者，古之遺言。」即指六藝經典也。周監於二代，郁郁乎文哉！吾從周。（論語八佾篇）朱子四書集註云：「言其視二代之禮而損益之。」

孔子祖述堯舜，憲章文武；刪詩書、訂禮樂、制春秋、贊周易，集上古文學之大成，厥功偉矣！故文心雕龍宗經篇云：

自夫子刪述，而大寶啟耀。於是易張十翼，書標七觀，詩列四始，禮正五經，春秋五例；義既挺乎性情，辭亦匠於文理，故能開學養正，昭明有融。

孔子宗經，且以六藝教導弟子，開一派儒學之宗。於論語一書，引經據典之處甚多，由此可以推知孔子之宗經也。如學而篇云：

子貢曰：「貧而無諂，富而無驕，何如？」子曰：「可也，未若貧而樂，富而好禮者也。」

子貢曰：「詩云：如切如磋，如琢如磨。其斯之謂與？」子曰：「賜也，始可與言詩已矣！告諸往而知來者。」

孔子美子貢能觸類旁通，舉一隅而以三隅反，故曰：「始可與言詩已矣！」

又爲政篇云：

或謂孔子曰：「子奚不爲政？」子曰：「書云：『孝乎惟孝，友于兄弟。』施於有政，是亦爲政，奚其爲爲政？」

孔子引書經之言，以敍誠能孝順雙親，友愛兄弟以齊家，則亦能爲政矣！由引經之多，可知孔子言必有據，論必宗經也。

二、孟子

孟子承孔子之學，追崇先王之道，其徵聖宗經之思想，溢於言表；排距邪說異端以正人心，著書立言以倡仁義。試觀孟子之書，引經證說者亦多，由此可見其宗經思想之一般。如梁惠王上篇引詩：「刑于寡妻，至于兄弟，以御家邦。」以喻齊家、治國、平天下之層次漸進，及仁者之政治教化，可將天下運諸掌上。

又滕文公上篇引書經商書說命篇云：「若藥不瞑眩，厥疾不瘳。」以喻人之性善，若循理而切實力行，無不達於聖人之境，所謂「舜何人也，予何人也，有爲者亦若是。」

孔子、孟子，皆法先王，闡揚經典之奧義；荀子承之，中國文學宗經理論及批評標準於是確立矣！

第二節　文貴實用

一、孔子

孔子於文學，可分論詩與論文二類，然皆貴其應用；不尚辭采，要以宣揚道統，啟迪人心為務，故曰：「辭達而已矣！」辭能達意，則足以發抒己說矣！此孔子之意也。

㈠　論詩

詩三百，一言以蔽之，曰：思無邪。（論語為政篇）

關雎樂而不淫，哀而不傷。（論語八佾篇）

孔子以為「思無邪」乃詩之本質也，故能化民成俗，應對群倫，而皆合於聖王之道，放諸四海而皆準，雖至蠻貊之邦而不塞，故曰：「溫柔敦厚，詩教也。」

誦詩三百，授之以政，不達；使於四方，不能專對；雖多，亦奚以為？（論語子路篇）

子謂伯魚：「女為周南、召南矣乎？人而不為周南、召南，其猶正牆面而立也與。」（論

語陽貨篇）

詩之用，可平治天下，應對諸侯，皆無所不適也。既熟誦詩矣！若「授之以政」，「使於四方」而不能勝任，則亦何誦之有？

小子何莫學夫詩？詩，可以興，可以觀，可以群，可以怨。邇之事父，遠之事君，多識於鳥獸草木之名。」（論語陽貨篇）

不學詩，無以言。（論語季氏篇）

詩者，所以陶鑄性靈，立身處世也。興、觀、群、怨，多識鳥獸草木之名，所以修己也。事父、事君，學詩以立，所以立己也。

㈡ 論文

論語述而篇云：「子曰：『行有餘力，則以學文。』」何晏集解引馬融注云：「文者，古之遺文。」朱子四書集註云：「文，謂詩書六藝之文。」故知孔子之文，謂六藝經典也。

質勝文則野，文勝質則史，文質彬彬，然後君子。（論語雍也篇）

孔子以爲文、質應恰合其分，互相配合，以免流於野、史之弊，故曰：「文質彬彬，然後君子。」此孔子理想之文學也。

子以四教：文、行、忠、信。（論語述而篇）

子貢問曰：「孔文子何以謂之文也？」子曰：「敏而好學，不恥下問，是以謂之文也。」（論語八佾篇）

孔子以文學教人，主張「敏而好學，不恥下問」，此重視文學之徵也。

君子博學於文，約之以禮，亦可以弗畔矣！（論語雍也篇）

弟子入則孝，出則弟，謹而信，汎愛衆而親仁。行有餘力，則以學文。（論語學而篇）

廣博其學問，約束以禮義，始可謂之君子。能入孝出悌，心存仁義，而後始以餘力學文，此皆孔子重視文學之功用也。

㈢　孔荀之比較

荀子承孔子文學實用之說，建立文道合一之傳統文學觀，如大略篇云：

人之於文學也，猶玉之於琢磨也。詩曰：「如切如磋，如琢如磨。」謂學問也。和之璧，井里之厥也，玉人琢之爲天下寶。子贛、季路，故鄙人也，被文學，服禮義，爲天下列士。

和氏璧之美，因其琢磨故也。子贛、季路之爲天下列士，乃其被文學、服禮義故也。此說明文學之爲用大矣哉！故曰：「性者，木始材朴也；僞者，文理隆盛也。」又云：「無僞則性不能自美。」蓋謂此也。

二、孟子

孟子論詩論文，亦主實用之說。

(一) 論詩

故說詩者，不以文害辭，不以辭害志，以意逆志，是爲得之。（孟子萬章篇）

頌其詩，讀其書，不知其人可乎？是以論其世也。（孟子萬章篇）

孟子主張誦詩，應以意逆志，蓋「詩者，志之所之也。」又主張「知人論世」，蓋言爲心聲，由作品追溯作者之情志也。文章所以言志，故孟子主張不應以文害辭，以辭害意也。文心雕龍情采篇云：「是以聯辭結采，將欲明理，采濫辭詭，則心理愈翳。固知翠綸桂餌，反所以失魚。言隱榮華，殆謂此也。」

孔子論詩，喜言體會，直尋詩意。孟子以意逆志，反溯作者之情志，比孔子之論詩更進一層。惟或有失之附會者。如孟子萬章篇：

咸丘蒙曰：「舜之不臣堯，則吾既得聞命矣！詩云：『普天之下，莫非王土；率土之濱，莫非王臣。』而舜既爲天子矣，敢問瞽瞍之非臣如何？」曰：「是詩也，非是之謂也，勞於王事而不得養父母也。曰：『此莫非王事，我獨賢勞也。』故說詩者不以文害辭，不以辭害志。以意逆志，是爲得之。如以辭而已矣，雲漢之詩曰：『周餘黎民，靡有子遺。』信是言也，是周無遺民也。」

戰國時，說詩各家不同。孟子以意逆志，認爲此詩乃勞於王事而不得歸養父母之作，自屬灼識，爲毛詩序所本。據此而觀，則知戰國之時，附會詩意已甚流行。如韓非子云：「詩云：『普天之下，莫非王土；率土之濱，莫非王臣。』信是言也，是舜出則臣其君，入則臣其父，妾其母，妻其子女也。」此與咸丘蒙之問於孟子者意同。故荀子大略篇，論詩則云：

善爲詩者不說，善爲易者不占，善爲禮者不相，其心同也。

楊倞注云：「皆言與理會者，至於無言說者也。」卽針對附會詩義者而言。

(二) 論文

楊、墨之道不息，孔子之道不著，是邪說誣民，充塞仁義也。仁義充塞，則率獸食人，人將相食，吾爲此懼，閑先王之道，距楊墨，放淫辭，邪說者不得作。（孟子滕文公篇）

孟子以爲文學者，在於明道而已。蓋異端叢至，邪說盛行，則正言不著；正言不著，則仁義無由伸張；聖賢之理不敷於世，故孟子憂之，主張「正人心，息邪說，距詖行，放淫辭。」惡紫之奪朱也。

(三) 養氣說

我善養吾浩然之氣。（孟子公孫丑上篇）

持其志，無暴其氣。（孟子公孫丑上篇）

其爲氣也，至大至剛，以直養而無害，則塞於天地之間。其爲氣也，配義與道，無是，餒也。是集義之所生者，非我襲而取之者。行有慊於心，則餒矣！（孟子公孫丑上篇）

孟子養氣，故其爲文氣勢甚盛，文筆駿快；高談而雄辯，頗能曲盡微妙，而極跌宕頓挫之致。後人宗之，以氣爲論文標準之一，故曹丕、劉勰均有論氣之說。

文以氣爲主，氣之清濁有體，不可力強而致。（曹丕典論論文）

是以吐納文藝，務在節宣；清和其心，調暢其氣。（劉勰文心雕龍養氣篇）

孟子養氣之說一出，後代學者頗受影響；餘風所及，如賈誼、司馬遷、韓愈、柳宗元、蘇軾等人，文章皆以氣勢見長。故蘇轍上樞密韓太尉書云：「孟子曰：『我善養吾浩然之氣。』今觀其文章，寬厚弘博，充乎天地之間，稱其氣之大小。太史公行天下，周覽四海名山大川，與燕趙間豪俊交遊，故其文疏蕩，頗有奇氣。此二子者，豈嘗執筆學如此之文哉？其氣充乎胸中，而溢乎其貌；動乎其言，而見乎其文而不自知也。」

養氣於文章之作用如此，故欲文章氣勢駿快，則必賴於平素之養氣。

㈣ 知言說

詖辭知其所蔽，淫辭知其所陷，邪辭知其所離，遁辭知其所窮（孟子公孫丑篇）

不爲詖辭所蔽，不爲淫辭所陷，不爲邪辭所離，不爲遁辭所窮，可謂知言矣！知言者，於文章創作上，始能運用文辭於精妙，而曲盡練字造句之美；其表達微旨隱義之效，若春秋之一字褒貶也。

㈤　孟荀之比較

孟子亦處世衰道微之際，邪說泛濫、暴行偏處之時；故其爲文，仍在於闡明仁義之理而已，與荀子無殊。如荀子正名篇云：

君子之言，涉然而精，俛然而類，差差然而齊；彼正名，當其辭，以務白其志義者也。

爲文之要，表達其意而已。荀子主張隆禮義、化師法、積文學，所以化性起僞也；與孟子辯說以明聖賢之道一致。

第三節　文體之演進

論語一書，由孔子門人編纂而成。以語錄之體，表達深奧之人生哲理。書中文句，皆三言兩語，各自獨立，零碎而不相連貫。文句簡約，用字省淨；只是片段之章節，尚未形成單篇專著；蓋受當時物質條件與書寫工具之限制，故呈現大綱之形式。且當時思想較爲單純，諸子尙未爭鳴，無須辯說以立己論，故成語錄之體。迨孟、荀之際，邪說紛雜，如洪水猛獸之呑噬人心，若以論語平舖直敍之法立說，則不足以駁斥異端，匡正人心；隨思想之發展，散文之長篇大論，也因之而起。當時諸子莫不以犀利之辭句，表現思想於長篇散文中；雖諸子如：莊子、墨子、荀子、孟子等之氣勢格調有別，所宣揚之意旨不同，然以論爭之方式著書則同。

孟子以養氣、知言涵潤文章之氣勢；以仁義道統充實文章之內涵；間或採取墨子「辟、侔、援、推」之法以謀篇。氣勢縱橫，文采華贍；行文之旨雖然嚴正，然或舉例以譬喩之，時有滑稽、幽默之趣，如齊人妻妾等章。

荀子文章樸質深刻，敍理層次分明；然其行文、文旨，則與孟子無殊。

蓋孔子之論語簡約，至孟、荀而不得不爲長篇之散文矣！

第五章　附錄——荀子引詩考釋

勸學篇第一

嗟爾君子，無恒安息。靖共爾位，好是正直。神之聽之，介爾景福。

詩小雅小明五章：「嗟爾君子，無恒安息。靖共爾位，好是正直。神之聽之，介爾景福。」

按：此章詩人戒其僚友，不得時處安逸，應篤敬而恭守其位。則神明知之，必賜以大福。

青出於藍而勝於藍；水凝成冰而寒於水；木直中繩，輮成圓輪，雖復經槁暴，不再挺曲。荀子舉此三事，明喩爲學之功效。欲智慧之澄明，行爲之無瑕，則端賴於學。學也者，先王之遺言也。唯一曝十寒，終難底成，故荀子曰：「學不可以已。」引此詩者，勉以勤學化道也。論語述而篇云：「我非生而知之者，好古敏以求之者也。」卽此之謂也。

尸鳩在桑，其子七兮。淑人君子，其儀一兮。其儀一兮，心如結兮。

詩曹風鳲鳩一章：「鳲鳩在桑，其子七兮。淑人君子，其儀一兮。其儀一兮，心如結兮。」

按：毛傳：「鳲鳩之養七子，旦從上而下，暮從下而上，平均如一。」鳲鳩之育子，秩而有序，因興君子應時持儀度，專一致志，如物之固結也。蓋詩人美君子用心均平專一也。

積善成德，則神明自得。雖江海之大，若不積小流，則無以成之。故曰：「眞積力久則入。」無冥冥之志，則無昭昭之明；無惛惛之事，則無赫赫之功。故曰：「行衢道者不至，事兩君者不容。」解蔽篇亦云：「自古及今，未有兩而能精者也。」君子之爲學處世，貴於專一，專一則有恒，故能成其大，此引詩之意也。

匪交匪舒，天子所予。

詩小雅采菽三章：「赤芾在股，邪幅在下。彼交匪紓，天子所予。樂只君子，天子命之。樂只君子，福祿申之。」

按：天子賜以玄袞、赤芾，諸侯服之，恭敬謹愼，不傲不怠，故天子又申之以福祿也。不傲、不隱、不瞽，所以待學者之道也。蓋未可與言而言，則失之躁競；論語季氏篇云：「言未及之而言，謂之躁。」可與言而不言，則失之藏隱；論語季氏篇云：「言及之而不言，謂之隱。」不觀氣色而言，則失之盲目；論語季氏篇云：「未見顏色而言，謂之瞽。」故儒效篇云：「諸侯問政，不及安存，則不告也；匹夫問學，不及爲士，則不告也。」不急不緩，不傲不慢，君子如響，恰合其分。故曰：「匪交匪舒」也。亦即禮記學記篇云：「善待問者如叩鐘，叩之小者則小鳴，叩之大者如大鳴。」

修身篇第二

噏噏呰呰，亦孔之哀。謀之其臧，則具是違。謀之不臧，則具是依。

詩小雅小旻二章：「潝潝訿訿，亦孔之哀。謀之其臧，則具是違。謀之不臧，則具是依。我視謀猶，伊于胡底。」

按：小人同而不和，終日囂囂。謀於善者則違之，謀於不善者則從之。故君子憂之，作爲此詩。

非我而當者，可爲我師；是我而稱者，可爲我友。見善思齊，有過則愀然而遷之。故論語里仁篇云：「見賢思齊焉，見不賢而內自省也。」凡君子必好善隆師而親友，小人則惡善邪曲而黨同，君子、小人之別判然矣！

禮儀卒度，笑語卒獲。

詩小雅楚茨三章：「執爨踖踖，爲俎孔碩，或燔或炙。君婦莫莫，爲豆孔庶。爲賓爲客，獻酬交錯。禮儀卒度，笑語卒獲。神保是格。報以介福，萬壽攸酢。」

按：農事既成，則王者嘗、蒸之，以豐肴佳饌祭拜宗廟，且大宴賓客，兩相歡悅。禮儀合度，笑語合宜，故神巫禱之，求神降以萬壽之福。

荀書引此詩者二：

一、修身篇：

飲食、衣服、居處、動靜、容貌、態度、進退、趨行等，循禮則和，失禮則病。人無禮不立，事無禮不成，邦無禮不寧。禮者，所以正身、行事、寧邦也。故論語泰伯篇云：「恭而無禮則勞。」爲政篇亦云：「道之以德，齊之以禮，有恥且格。」欲原先王，本仁義，必以禮爲經緯蹊徑。故荀子引詩，以證禮於人之重要。

二、禮論篇：

禮文繁縟，情感眞摯，禮之中道也。若時持克己復禮之志，切合禮文之隆殺，則庶幾乎爲聖人矣！故禮者，乃一切行爲之最高準則；惟「禮儀卒度」，始能「笑語卒獲」也。孟子盡心下篇云：「動容周旋中禮者，盛德之至也。」

不識不知，順帝之則。

詩大雅皇矣七章：「帝謂文王：予懷明德，不大聲以色，不長夏以革。不識不知，順帝之則。帝謂文王：詢爾仇方，同爾兄弟，以爾鉤援，與爾臨衝，以伐崇墉。」

按：朱子詩集傳云：「上帝眷念文王，而言其德之深微，不暴著其形迹，又能不作聰明，以循天理，故又命之以伐崇也。」

禮以正身，師以正禮；情能安於禮，則「長遷而不反其初則化矣！」知若於師，則具聖人之德矣！荀子以爲禮法之行，貴於自安，故引文王「不識不知，順帝之則」以喻之。

臣道篇云：「君子安禮和樂，謹愼而無鬥怒，是以百舉不過也。」卽此之謂也。

不苟篇第三

物其有矣，惟其時矣！

詩小雅魚麗六章：「物其有矣，惟其時矣！」

按：美燕客之肴饌豐盛，且皆應時之物也。

行爲、言論、聲譽，皆以合禮爲貴。若申徒狄之負石投河；惠施、鄧析之强辯巧言；盜跖貪凶之名，若日月之昭明；雖爲難能，亦君子之不爲也。「物其有矣」，以喻行爲之難能；「惟其時矣」，揭明合禮始爲可貴。論語八佾篇云：「禮，與其奢也，寧儉。」

溫溫恭人，惟德之基。

詩大雅抑九章：「荏染柔木，言緡之絲。溫溫恭人，維德之基。其維哲人，告之話語，順德之行。其維愚人，覆謂我僭。民各有心。」

按：柔木被之弦絲，可爲琴瑟；若寬柔之性，乃德業之本也。哲人告之善言則行；愚人語之嘉言則疑；智愚各異之故也。

荀書引此詩者三：

一、不苟篇：

君子溫柔敦厚、恭敬謹愼、獨立堅强、適中而不失偏激，以此立德。如溫溫之恭人，厥德自立。論語述而篇云：「志於道，據於德，依於仁，遊於藝。」是也。

二、非十二子篇：

君子耻於不修，不耻見污；耻於不信，不耻不見信；耻於不能，不耻不見用；但率道而行，端然正己卽可，何懼人之不知也。論語述而篇云：「不患無位，患所以立。不患莫己知，求爲可知也。」

三、君道篇：

隆禮、尚賢、兼聽齊明，治道之術也。三者立，則百官黎民，莫不修己以自安，立誠以受職，風化所及，俗豈不厚？斯時，天子不視而見，不聽而聰，譬居北辰，而衆星拱之；終日垂衣拱手，而天下從之；是爲政教之極也。論語爲政篇云：「爲政以德，譬如北辰，居其所而衆星拱之。」

左之左之，君子宜之。右之右之，君子有之。

詩小雅裳裳者華四章：「左之左之，君之宜之。右之右之，君子有之。維其有之，是以似之。」

按：屈萬里先生以爲：左，佐也；右，佑也；皆輔翼之意。宜，安也。有，親也。似，續也；續其先祖之官爵。朱子詩集傳：「此天子美諸侯之辭。」君子崇德疵過，一以公正爲準；與時屈伸，以義應變；故無往而不適也。論語衞靈公篇云：「言忠信，行篤敬，雖蠻貊之邦行矣！」荀子引此詩者，以譬左之右之，皆能屈伸自然，合於禮義，參於造化，是謂君子人也。

榮辱篇第四

受小共大共，爲下國駿蒙。

詩商頌長發五章：「受小共大共，爲下國駿厖。何天之龍，敷奏其勇，不震不動，不戁不竦，百祿是總。」

按：湯受法於天，被恩於諸侯。荷天之寵，敷告其勇。不憂不懼，故百祿聚之。儳互不齊，所以爲齊也；枉曲不直，皆歸於順也；所業有別，而皆同於一塗也；貴賤之等，長幼之差，應各當其分，始能謂之至平。故知明分者，禮之大用也。分也者，群居合一之至道也。隆禮，小則遠辱以居顯，大則明分以達治。故論語泰伯篇云：「立於禮。」蓋極言禮之效用也。「大共小共」者，大小事物皆有法度也；「爲下國駿厖」者，乃禮文之被於四方諸侯，而爲天下行爲之標準也。

非相篇第五

雨雪瀌瀌，宴然聿消。莫肯下隧，式居屢驕。

詩小雅角弓七章：「雨雪瀌瀌，見晛曰消。莫肯下遺，式居屢驕。」

按：雪落紛紛，遇日氣則融。不肯謙下隨人，却持驕傲怠慢之心。詩言小人囂囂，逢君子則當自止。小人之勢雖盛，詩人憂其不知禮儀，必遭敗亡也。

幼而不肯事長，則學識不進；賤而不肯事貴，則不知禮義；不肖而不肯事賢，則智慧不明；此乃人之三不祥也。上而不能愛下，下而不能好上。遇人謙卑，自歎弗如；背之則加侮謾、詆毀。知慮德行淺薄，能力去人遠甚；却不能推崇仁者，不知尊重智者。此乃人之三必窮也。病於此者，鮮能不危滅。荀子有感於此，乃以「雨雪瀌瀌」以喻小人之氣盛；「見晛曰消」以譬君子化育之功。若心存怠傲之志，不肯虛下從人，遷過於善，則危敗將至。故勸學篇云：「物類之起，必有所始；榮辱之來，必象其德。」

徐方既同，天子之功。

詩大雅常武六章：「王猶允塞，徐方既來，徐方既同，天子之功。四方既平，徐方來庭，徐方不回，王曰還歸。」

按：此周宣王自將伐徐凱旋之詩也。宣王之謀確實可行，故徐方歸順之；徐方之歸順，乃天子之功也。四方既已平定，徐方既已來朝，不致違抗王命，故班師而還也。

史記：「然韓非知說之難，爲說難之書甚具，終死於秦，不能自脫。」以韓非之才，固知遊說之難也，嘗著說難之篇，舉足以危辱者十五，却客死於秦，故太史公歎之。荀子以爲辯說不可激切，應隨時制宜，與時遷移；以寬容之懷，迂迴曲折，旁敲側擊之加以引導。故君子寬容衆人而導之，如同宣王之寬宥徐方也。

非十二子篇第六

匪上帝不時，殷不用舊。雖無老成人，尚有典刑。曾是莫聽，大命以傾。

詩大雅蕩七章：「文王曰咨，咨女殷商。匪上帝不時，殷不用舊。雖無老成人，尚有典刑。曾是莫聽，大命以傾。」

按：殷商覆亡，非上帝之過也，乃廢棄舊有典刑所致之也。雖無老成之人足詢，然典刑則仍存。不從典刑，故遭覆亡之運，固當也。

荀子雖法後王，然亦崇先王。如：勸學篇云：「不聞先王之遺言，不知學問之大也。」評惠施、鄧析曰：「不法先王，不是禮義。」評子思、孟子曰：「略法先王而不知其統。」學也者，先王之遺言也。即：「遇君則修臣下之義，遇鄉則修長幼之義，遇長則修子弟之義，遇友則修禮節辭讓之義，遇賤而少者，則修告導寬容之義。」荀子引詩，說明先王禮法之重要。賈誼過秦論嘗云：「仁義不施，而攻守之勢異也。」仁義者，先王之道也。

仲尼篇第七

媚茲一人，應侯順德。永言孝思，昭哉嗣服。

詩大雅下武四章：「媚茲一人，應侯順德。永言孝思，昭哉嗣服。」

按：武王常存孝敬先祖之心，繼承先祖緒業，故天下之人皆愛戴之。人主尊貴我，則恭敬而撙節；人主信愛我，則謹慎而謙虛；人主專任我，則篤守禮法而敬謹；人主親近我，則安和順從而不巧佞；人主疏遠我，則猶存忠貞之念而無二心；人主貶黜我，則心懷警惕而不怨。此人臣處於寵位而不危，終身由之而不殆之術也。詩美武王繼承先祖遺德，此則引之以述君臣之義也。論語顏淵篇云：「子張問政，子曰：『居之無倦，行之以忠。』」忠者，君臣之義也。

儒效篇第八

自西自東，自南自北，無思不服。

大雅文王有聲六章：「鎬京辟廱，自西自東，自南自北，無思不服。皇王烝哉。」

按：武王遷都於鎬，築室於鎬京。於是四方諸侯，無不臣服之。美武王之詩也。

荀書引此詩者三：

一、儒效篇：

隆禮重義，乃大道之所存也。論語季氏篇云：「不學禮，無以立。」如孔子者，可謂知禮矣！仁者居其鄉，則其俗美矣！論語子罕篇云：「子欲居九夷。或曰：『陋！如之何？』子曰：『君子居之，何陋之有？』仁者所處，何擇鄉之有？法於先王，崇禮重義，則仁義行乎四海，天下莫不心服之。故曰：「近者謳歌而樂之，遠者竭蹶而趨之，四海之內若一家，通達之屬莫不從服，夫是之謂人師。」引詩以證儒者移風易俗、化育萬物之功也。故曰：「風俗之厚薄奚自乎！自乎一、二人心之所嚮而已。」蓋「君子之德，風；小人之德，草；草上之風必偃。」

二、王霸篇：

百里之地，足容天下之賢士；官職事業，可納天下之能才；務本厚生，擇其善者而用之，堪服好利之人矣！蓋賢士以致忠信；能士以竭仁義；好利之士以求生產。則雖百里之地，亦足取天下矣！故曰：「取天下者，非負其土地而從之之謂也，道足以壹人而已矣！」選才任能，治國之道也；雖百里之地，亦足以一霸，朝四方諸侯於一堂。如湯以七十里，文王以百里而王也。

三、議兵篇：

以禮義教化之，則民思其德惠，莫不爲其效勞，故從之沛然而莫之能禦，此王者之師也。王者惟誅伐無道，以弔其民。若敵國君臣同心，上下協力，則慶賀之不暇，將何伐之有？將欲伐之，則不潛軍襲擊，不駐兵固守，兵出不過三月，蓋皆以仁義爲本也。若商湯文武之興師也，天下之人，莫不延頸而望。

爲鬼爲蜮，則不可得。有靦面目，視人罔極。作此好歌，以極反側。

詩小雅何人斯八章：「爲鬼爲蜮，則不可得。有靦面目，視人罔極。作此好歌，以極反側。」

按：江淮水中之短狐，含沙以射水中人影，其人輒病。詩言若彼人者，爲鬼爲蜮，害人而人不見也。若此人者，猶靦然面於衆人之前，不覺羞赧。然或有相見之日，豈其情終不可測哉。故詩人作爲此歌，以究極其反覆無常之行。

荀書引此詩者二：

一、儒效篇：

中事者，合於禮義之行爲；中說者，合於禮義之言論；君子言必切理，事必當務，不必盡能於一切事物也。姦事者，邪行也；姦道者，邪說也；若公孫龍之堅白說，墨辯之充虛施易者，雖有聖人之知，不能指陳。然王公好之則亂法，百姓好之則亂事。故知君子之道淺顯，禮義而已。正名篇云：「故析辭擅作名，以亂正名，使民疑惑，人多辨訟，則謂之大姦。」

二、正名篇：

君子之言，辭淺而易曉，意精而有條序，論理之是非雖參差不齊，却歸本於禮義。如顏淵問仁，子曰：「克己復禮爲仁。」司馬牛問仁，子曰：「仁者，其言也訒。」樊遲問仁，子曰：「愛人」子張問仁，子曰：「恭、寬、信、敏、惠。」仲弓問仁，子曰：「出門如見大賓，使民如承大祭。己所不欲，勿施於人。在邦無怨，在家無怨。」孔子對仁之定義似乎紛雜，然可以一言貫之，曰：「忠恕而已。」愚者之言，則似精而粗，似深而蕪，似囂而亂。荀子引詩，以喻巧言辯說之不當，適足以奪朱亂正而已。

鶴鳴于九皋，聲聞于天。

詩小雅鶴鳴二章：「鶴鳴于九皋，聲聞于天。魚在于渚，或潛在淵。樂彼之園，爰有樹檀，其下維穀。它山之石，可以攻玉。」

按：隱居山林，有鶴棲焉，其鳴可遠聞于野，上達於天。有魚游焉，或潛沈深淵，或戲水於渚。居樹檀之下，不畏惡穀之染。若能求此賢者，則如礪石之可錯玉也。

「鶴鳴于九皋，聲聞于野」極言隱居之深，而聲聞之遠也。論語衞靈公篇云：「君子病無能焉，不病人之不己知也」但求修德於內，潤德於身。所學爲己，非爲禽犢。故身雖遁隱，名猶遠著，如鶴之鳴也。

民之無良，相怨一方。受爵不讓，至于己斯亡。

詩小雅角弓四章：「民之無良，相怨一方。受爵不讓，至于己斯亡。」

按：王引之云：「怨人之不讓己，而忘乎己之不讓人，正所謂民之無良也。」彼此相怨，嚴以律人，而寬以待己，互爭爵祿，競鬥心機。如此，則加速其滅亡而已。論語爲政篇云：「君子周而不比，小人比而不周。」又衞靈公篇云：「君子矜而不爭，群而不黨。」小人比周結黨，黨與愈少；卑鄙爭名，聲名愈辱；孜孜以求樂利，身愈危殆。故行有不得，必反求諸己焉。論語衞靈公篇云：「躬自厚而薄責於人，則遠怨矣！」

平平左右，亦是率從。

詩小雅采菽四章：「維柞之枝，其葉蓬蓬。樂只君子，殿天子之邦。樂只君子，萬福攸同。平平左右，亦是率從。」

按：朱子詩集傳：「維柞之枝，則其葉蓬蓬然。樂只君子，則宜殿天子之邦，而爲萬福之所聚。又言其左右之臣，亦從之而至此也。」明主擇賢任能，因才授位；人臣則內以修己，外以安人，然後敢受職。故曰：「分不亂於上，能不窮於下。」「上下之交，不相亂也。」此卽尙書：「任官惟賢才，左右惟賢人。」之謂也。

維此良人，弗求弗迪。唯彼忍心，是顧是復。民之貪亂，寧爲荼毒。

詩大雅桑柔十一章：「維此良人，弗求弗迪。唯彼忍心，是顧是復。民之貪亂，寧爲荼毒。」

按：良善之人，王者不加進用；殘暴之人，却多加顧念，反以爲良才。此天下所以貪亂，而寧爲荼毒所苦也。

論語述而篇云：「君子坦蕩蕩，小人長戚戚。」好榮惡辱，人之常情也。然君子則隆師法，重積習，化性成德，故日進於仁義。小人則縱情性、安恣睢而不肯問學，漸而漸之，致招耻辱。故君子常安榮，小人常危辱，皆由微而顯，由漸而進也。故非相篇云：「以微知明，此之謂也。」荀子引詩勉人師聖、勤學以化性也。

王制篇第九

天作高山，大王荒之。彼作矣，文王康之。

詩周頌天作篇：「天作高山，大王荒之。彼作矣，文王康之。彼徂矣，岐有夷之行。子孫保之。」

按：天作此高山，使興雲雨；故太王自豳谷遷於此，從事墾殖。文王繼而安之，使民皆有所居。於是險僻之岐山，因人之來歸者衆，致成平易之路。子孫當世守之而不失也。

朱子詩集傳云：「此祭大王之詩也。」

荀書引此詩者二：

一、王制篇：

天之所覆，地之所載者，莫不盡美盡善。故宜互通有無，貨暢其流，使澤人足乎木，而山人足乎魚也。如：北海之犬馬，南海之犀革、象牙，西海之皮革、文旄，東海之絺葛、魚鹽，皆可備於中國。故天地之覆載者豐富，上以飾賢良，下以養百姓也。故王制篇云：「盡其美，致其用。」

二、天論篇：

日月星辰瑞歷；春種夏長秋收冬藏；得地則生，失地則死；天、時、地三者，皆禹、桀之所同也，然禹以治，桀以亂；故知治亂在人，非由天、時、地也。故荀子引詩以證之。孔子不語怪、力、亂、神者，蓋以其荒誕而無助於人也。故孔子重視現實之人世，强調人爲之可貴，故以「未知生，焉知死」勉弟子以積極進取。

富國篇第十

雕琢其章，金玉其相。亹亹我王，綱紀四方。

詩大雅棫樸五章：「追琢其章，金玉其相。勉勉我王，綱紀四方。」

按：朱子詩集傳：「追之琢之，則所以美其文者至矣！金之玉之，則所以美其質者至矣！勉勉我王，則所以綱紀乎四方者至矣！」

人未能離群索居，獨立生活；然群而無分則亂矣！故分者，天下之本利也；而人君者，管分之樞要也。雕鏤、黼黻，以別貴賤；鐘鼓、竽笙，以辨吉凶；宮室、臺榭，以異尊卑。故古之先王必分別貴賤而等差之。如周王之質文異於衆人，故能綱紀四方也。楊倞注荀書，以爲禮有「車服等級之文」所以行其敬，以立上下之分也。

我任我輦，我車我牛。我行既集，蓋云歸哉。

詩小雅黍苗二章：「我任我輦，我車我牛。我行既集，蓋云歸哉。」

按：宣王命召伯往營城邑，故率徒役南行。負物、輓車、駕車、驅牛至南方營造城邑，工事既成而歸之。

蓋，陳奐詩毛氏傳疏：「蓋，讀爲盍。」

智慮足以治天下，仁厚足以安天下，德業足以化天下，此仁君之謂也。故百姓相率而爲其勞苦者，養其智慮也。出生入死以覆救者，養其仁厚也。爲之黼黻、文章以藩飾者，養其才德也。引徒役效命於召伯以營邑者，正喻百姓之效死仁君也。故曰：「仁者無敵」。

無言不讎，無德不報。

詩大雅抑六章：「無易由言，無曰苟矣。莫捫朕舌，言不可逝矣。無言不犨，無德不報。惠于朋友，庶民小子，子孫繩繩，萬民靡不承。」

按：不可輕易出言，勿云：「可以苟且如是者。」無人阻我之言，然言不可輕出也。因言出必有所報，施德必有所酬。故應惠于朋友、衆民小子；則子孫不絕，萬民奉承。此謹言之效也。

荀書引此詩者二：

一、富國篇：

勸學篇云：「質的張而弓矢至焉，林木茂而斧斤至焉。」故云：「言有招禍也，行有招辱也。」君之仁者，臣民無不奉之；若桀紂之徒，則百姓棄之。易曰：「傾者覆之。」蓋君上汙漫暴亂，則危亡至矣；臣或弒君，下或殺上；皆自取之也。故曰：「無言不讎，無德不報。」

二、致士篇：

尊嚴而可敬畏、年高而篤信、誦解經籍而不違悖、知識精微而有倫理者，可以爲師。若弟子往學而通利，則必思其恩。故曰：「水深而回，樹落則糞本。」

鐘鼓喤喤，管磬瑲瑲。降福簡簡，威儀反反。旣醉旣飽，福祿來反。

詩周頌執競：「執競武王，無競維烈。不顯成康，上帝是皇。自彼成康，奄有四方，斤斤其明。鐘鼓喤喤，磬筦將將，降福穰穰。降福簡簡，威儀反反。旣醉旣飽，福祿來反。」

按：武王持自强不息之心，卒成王業；此奇功偉業，無有過之者。成王康王之德，亦上帝之所縱也，故勳績彪炳。今作樂以祭之，祈神飽醉之後，降以多福。朱子詩集傳：「此祭武王、成王、康王之詩。」

爲人君者，不美不飾則不足以統一人民；不富不厚則不足以控制臣下；不威不强則不足以禁暴止亂。故須撞鐘、鳴鼓，以樂其耳；黼黻文章，以悅其目；牛羊稻粱、五味芬芳，以爽其口。然後齊備官職，嚴其賞罰，以戒其心。使臣下皆知所欲者在此，故勸賞能行；所懼者在此，故刑罰能施；則賢人進矣！小人退矣！此國治之道也。韓非子五蠹篇云：「人主處制人之勢，有一國之厚，重賞嚴誅，得操權柄，以修明術之所燭，雖有田常，子罕之臣，不敢欺也。」卽此之謂也。

天方薦瘥，喪亂弘多。民言無嘉，憯其懲嗟。

詩小雅節南山二章：「節彼南山，有實其猗。赫赫師尹，不平謂何。天方薦瘥，喪亂弘多。民言無嘉，憯其懲嗟。」

按：南山高大，若師尹之赫赫顯盛；然其行事不能持平公允，將奈之何？是以天降災難，使禍亂接連而來。人民皆無好評，而仍未見尹氏改過。

若行墨子之道，則雖尚儉而更貧困，雖主非攻而爭鬥愈甚；人民終日勞苦，而事功却少。蓋上失天時，下乏地利，生產既少，則雖尚儉，何濟於貧？樂以合和人情，陶鑄心靈；故墨子非樂，則民益憎。終日勞苦，而不以樂導其和，則必生怠惰之情，故愈無功。樂論篇云：「樂者，天下之大齊也，中和之紀也。」荀子引詩直斥墨子之尚儉、非樂，而揭示富國之道，首在於明分也。

淑人君子，其儀不忒。其儀不忒，正是四國。

詩曹風鳲鳩三章：「鳲鳩在桑，其子在棘。淑人君子，其儀不忒。其儀不忒，正是四國。」

按：淑人君子，儀度有常而不生差錯。儀度無有過失，則可以之端正四方諸侯。

荀書引此詩者三：

一、富國篇：

仁人之治國，非特持其既有，且將兼人之長。修其志意，端其言行，盡其崇高，達其忠信，極其條理。布衣紃屨之士誠能如此，則雖處窮僻之境，王公亦不能與之爭名；任以國事，則德勳遠被。故爲名者不敢攻之；爲利者未能伐之；忿怨者無由襲之。故勸學篇云：「故聲無小而不聞，行無隱而不形。玉在山而草木潤，淵生珠而崖不枯。爲善不積邪，安有不聞者乎。」此引詩之意也。

二、議兵篇：

仁者用兵，所以禁暴止亂，非爲爭奪也。因其愛人，故厭惡害人者；因其循順禮法，所以厭惡亂人者。故仁者之兵，所臨者化，所過者治。如文王之伐崇，武王之伐紂是也。孟子公孫丑下篇云：「域民不以封疆之界，固國不以山谿之險，威天下不以兵革之利。得道者多助，失道者寡助。寡助之至，親戚畔之。多助之至，天下順之。」故有仁君者，則天下引領，若水之就下也。

三、君子篇：

尚賢使能，則君上尊顯而下民安治；等差貴賤，則王令暢行而不滯塞；分別親疏，則恩惠施行而不悖逆；長幼有序，則事功速成而有休止之時。此王者，先王之道也。人主德備而不矜伐，則能善用衆功，而天下不能與之爭能。故孟子梁惠王上篇云：「行仁政而王，莫之能禦也。」

王霸篇第十一

如霜雪之將將，如日月之光明。爲之則存，不爲則亡。

逸詩。

按：國無禮則不正；大略篇云：「禮者，政之輓也，爲政不以禮，政不行矣！」又王制篇云：「禮義者，治之始也。」故知禮爲治國之基礎，失禮，則衆庶無由，悖亂興矣。故論語里仁篇云：「能以禮讓爲國乎，何有？」荀子以霜雪之廣大周徧，日月之光明臨照喻禮；以爲合禮則國存，失禮則國亡。故大略篇云：「禮之於正國家也，如權衡之於輕重也，如繩墨之於曲直也。」

君道篇第十二

王猶允塞，徐方既來。

詩大雅常武六章：「王猶允塞，徐方既來。徐方既同，天子之功。四方既平，徐方來庭。徐方不回，王曰還歸。」

按：君上之謀可行，故徐方既平矣！徐方既已歸順，而會同來朝，則天子之功也。四方既已平定，徐方既已來朝而不違抗，於是王命班師回旋。

荀書引此詩者二：

一、君道篇：

上好禮義，尚賢而使能，無貪利之心，則臣下亦將辭讓、忠信、謹守下屬之本分。故獎賞不用而人民互相勸善，刑罰不用而人民心悅誠服，官職不勞而民事已治，政令不煩而風俗已厚。故知法度爲治之末流，君子始爲治之本源。人君隆禮、尙賢、輕利，養源之道也。論語顏淵篇云：「政者，正也。子帥以正，孰敢不正。」此荀子引詩之意也。

二、議兵篇：

賞慶、刑罰、勢詐，不足以盡人之力，致人之死；故一旦大寇到來，任之守危城必違命畔逆之，遇敵交戰必敗北逃亡之，勞苦煩辱必渙然潰散之。故人君之治國也，必以禮、義、忠、信爲主；以禮義誘導之，以忠信愛護之，始足以「合大衆，美國家」也。故論語憲問篇云：「修己以安人」，「修己以安百姓，堯舜其猶病諸！」

介人維藩，大師爲垣。

詩大雅板七章：「价人維藩，大師維垣。大邦維屏，大宗維翰。懷德維寧，宗子維城。無俾城懷，無獨斯畏。

按：善人可爲藩籬，大衆可爲垣牆。大國可爲屏障，嫡子大宗可爲主幹。懷和有德，可寧國人；同姓之人，可以防城。君子有德，則可得此六者之助矣；不然，則衆叛親離而城壞。城壞則藩垣屏翰皆毀而獨居，獨居則可畏矣！

荀書引此詩者二：

一、君道篇：

孟子公孫丑下篇云：「域民不以封疆之界，固國不以山谿之險，威天下不以兵革之利。」治國者，以愛民利民爲主。若不能愛民利民，則民必不親愛之；民不親愛之，則必不肯爲其竭力效死；民不能效死犧牲，則欲求兵勁國强，不可得也。惟賢者能如此。故欲修美政治，端正風俗，必求賢人。故曰：「介人維藩，大師維垣」也。

二、彊國篇：

汙漫、爭奪、貪利，人之所惡也，而桀紂善爲之，是以身亡國滅；禮義、辭讓、忠信，人之所好也，而湯武善爲之，是以爲王天下。人君所恃者，禮義也，非徒衆之盛；所賴者，修政也，非土地之大。故孟子公孫丑上篇云：「以力假仁者霸，霸必大國。以德行仁者王，王不待大。湯以七十里，文王以百里。以力服人者，非心服也，力不贍也。以德服人者，中心悅而誠服也，如七十子之服孔子也。」荀子之說齊相，勸之雖强敵環伺，然求仁厚朋通之士，以禮治國，則國固矣！

濟濟多士，文王以寧。

詩大雅文王三章：「世之不顯，厥猶翼翼。思皇多士，生此王國。王國克生，維周之楨。濟濟多士，文王以寧。」

按：周之傳世丕顯，以其能謀猷勉敬也。美哉！衆多賢士，生於文王之國也。王國能生此多士，乃周之楨榦也，而文王賴以安寧之。

人君須有聰智端誠之近臣以爲耳目；藉其智慧、誠愨以規正事物，安定事物。須有仁智之卿相以爲輔佐，藉其德音、智慮以塡撫百姓，應待萬變。須有慧巧勇敢之士以使諸侯，藉其辯說、知慮以解煩、決疑。故曰：「人主不可以獨也。」必以「濟濟多士」輔之。

臣道篇第十三

國有大命，不可以告人，妨其躬身。

逸詩。

按：天將降命以亡斯國也，宜緘其口，以免受害。事奉聖君，則從而不諫；事奉中等之君，則諫而不諂；事奉暴君，則惟彌補其缺失，不可加以矯正拂逆。若不能避亂世，遠暴士，則崇揚其美善，諱隱其缺失，所以明哲保身也。故論語泰伯篇云：「危邦不入，亂邦不居。天下有道則見，無道則隱。」即荀子引詩之意。

不敢暴虎，不敢馮河。人知其一，莫知其他。戰戰兢兢，如臨深淵，如履薄冰。

詩小雅小旻六章：「不敢暴虎，不敢馮河。人知其一，莫知其它。戰戰兢兢，如臨深淵，如履薄冰。」

按：朱子詩集傳：「衆人之慮，不能及遠。暴虎馮河之患，近而易見，則知避之。喪國亡家之禍，隱於無形，則不知以爲憂也。故曰：戰戰兢兢，如臨深淵，如履薄冰，懼及其禍之詞也。

仁者必敬人。若仁者不敬之人，卽爲不肖之人，視之如禽獸可也；禽獸則亂。凡人不敬之人，侮之如猛虎可也；猛虎則危。災禍將及於不肖者矣！荀子引詩以爲譬，以爲人皆知暴虎馮河之顯患，而不知小人爲害之隱憂，如禽獸、如猛虎，更有甚者。易繫辭云：「君子知微知徵。」惟君子能知微，故詩人憂之，而荀子引爲喻也。

不僭不賊，鮮不爲則。

詩大雅抑八章：「辟爾爲德，俾臧俾嘉。淑愼爾止，不愆于儀。不僭不賊，鮮不爲則。投我以桃，報之以李。彼童而角，實虹小子。」

按：明爾之德，使爲美善。淑愼容止，使儀度無失。言行無缺，則人必以之爲模範。旣戒以修德之事，可爲人之典範，如投我以桃，報之以李。若謂不修德而可服人，如求牛羊之童角，徒亂汝心而已。

仁者必敬人；賢者則親近而敬之，不肖者則警懼而敬之；此敬人之道也。故仁者必以忠信爲本體，端誠爲綱紀，禮義爲文飾，倫類爲條理，一言一行，一舉一動，皆可以爲法則。勸學篇云：「端而言，蝡而動，一可以爲法則。」即荀子引詩之意也。

受小球大球，爲下國綴旒。

詩商頌長發四章：「受小球大球，爲下國綴旒。何天之休，不競不絿。不剛不柔，敷政優優，百祿是遒。」

按：湯能受小法大法，爲諸侯表率。承受上天所降之福祉，而不爭逐、不急進、不失於剛斷，不失於柔弱；推行政令從容和順；於是百福聚集於湯。

人君有疵必强諫之，雖似逆而實順，是爲通君之順，信陵君是也。弒君簒位，雖其行似險，而實合仁義，是爲權險之平，湯武是也。人臣若阿諂君王，隨聲附和，則亂興矣！是爲禍亂之從聲，飛廉惡來是也。忠臣事君，通權達變，雖順逆不同，然尊卑之位不廢，體國之情不改，此荀子引詩之意也。故傳曰：「斬而齊，枉而順，不同而一。」即此之謂也。

致士篇第十四

惠此中國，以綏四方。

詩大雅民勞一章：「民亦勞止，汔可不康。惠此中國，以綏四方。無縱詭隨，以謹無良。式遏寇虐，憯不畏明。柔遠能邇，以定我主。」

按：民已疲弊矣，庶幾乎可使稍作休息矣！愛此國中之人，以安定四方之國。不放縱詭詐者，以愼防不善者；制止殘虐而不懼天命者。以德懷柔遠方，卽能安撫近土，以固我王之天下。

「川淵深而魚鼈歸之，山林茂而禽獸歸之，刑政平而百姓歸之，禮義備而君子歸之。」人主誠能修明禮義，端正言行，則賢士願爲效勞，百姓願歸爲民。故孟子梁惠王上篇云：「老吾老以及人之老，幼吾幼以及人之幼，天下可運於掌。」

議兵篇第十五

武王載發，有虔秉鉞。如火烈烈，則莫敢遏。

詩商頌長發六章：「武王載旆，有虔秉鉞。如火之烈烈，則莫我敢曷。苞有三蘖，莫逐莫達，九有有截。韋顧既伐，昆吾夏桀。

按：湯既受命，載旆秉鉞以征不義。桀與三蘖皆不能遂其惡，而天下截然歸商矣！初伐韋，次伐顧，次伐昆吾，乃伐夏桀，此湯用師之序也。善於用兵者，首在於親民；親民然後士為所用；不然，則湯不能敗桀矣！因下之於上也，若子之事父，弟之事兄，如以手臂扞衞頭目，遮覆胸腹也。是以仁者之用兵必出之以仁義，而非權謀詐術；故仁者之兵，聚而成卒，散而成列，百將一心，三軍協力，攻伐之利，莫此為甚也。孟子梁惠王下嘗引商書仲虺之誥曰：「湯一征，自葛始，天下信之。東征而西夷怨，南面征而北狄怨，曰：奚為後我。民望之，若大旱之望雲霓也。」荀子引詩以證凡攻伐而勝，皆親民之效也。

彊國篇第十六

德輶如毛，民鮮克舉之。

詩大雅烝民六章：「人亦有言，德輶如毛，民鮮克舉之。我儀圖之，維仲山甫舉之，愛莫助之。袞職有闕，維仲山甫補之。」

按：有人云：德輕如毛，然少有人能舉之。我揣度謀求能舉德之人，則維仲山甫一人而已。我愛其德而莫能助之。王職有缺時，亦惟仲山甫獨能補之。管子以爲海不辭水，故成其大；山不辭土石，故成其高；此皆積微之功也。故董仲舒亦云：「盡小者大，盡微者著。」荀子之論學亦云：「眞積力久則入。」論政亦然。蓋疏於小事者，一旦大事至焉，輒不知所措。昔秦踐華爲城，因河爲池，據億丈之城，臨不測之谿以爲固，自以爲子孫帝王萬世之業也。奈何一夫作難而七廟墮。此卽不積仁德，不重小事之故也。故荀子引詩以明「財物貨寶以大爲重，政教功名反是—能積微者速成」之意也。

天論篇第十七

禮義之不愆，何恤人之言兮！

逸詩。

按：遵禮行義而無缺失，何必顧慮別人批評。天不因人之惡寒而輟冬，故有常道；地不因人之惡遼遠而輟廣，故有常數；君子不因小人之洶洶不休而輟行，故有常體。君子篤守常道，故雖遠至蠻貊之邦，亦可行之。小人計功程利，故雖近居州里，其可立乎？故論語顏淵篇，子曰：「君子不憂不懼。」不憂不懼，則「何恤人之言兮。」

正論篇第十八

明明在下，赫赫在上。

方。」

詩大雅大明一章：「明明在下，赫赫在上。天難忱斯，不易維王。天位殷適，使不挾四方。」

按：文王、武王之德，昭明於人間，顯赫於天上。天命無常而實難信也，王業難立而不易爲也。天立殷之敵人，使殷朝不再挾持四方而有天下。此美武王成王之詩也。

荀書引此詩者二：

一、正論篇：

君爲民之唱導，上爲下之儀範。主上正大光明，則臣下安分守己。人君端正誠實，則下屬謹愼誠懇。君上公正無私，則臣下平易正直。此三者，治之所由生也。論語顏淵篇云：「政者，正也。子帥以正，孰敢不正。」此以身作則之效也。又：「君子之德，風；小人之德，草；草上之風必偃。」此上之德，足以化下也。「主道利周」者，卽管子：「先王貴周，不出於口，不見於色，一龍一蛇，一日五化之謂周。」蓋謂人主處衆人之上，須以幽隱周密藏其情，使人無法窺知其情爲利。然臣下既賴君之言行以爲範，則「彼將聽唱而應，視儀而動。唱默則民無應也，儀隱則下無動也。不應不動，上下無以相有也。」故知荀子之隆禮尚賢，推崇「宣明」「端誠」「公正」之君，大異於法家之「主道利周」。

二、解蔽篇：

明君赫赫在上，則臣屬明明在下矣！若君上幽險，則臣屬必詐。故孟子離婁上篇云：「夫人必自侮，而後人侮之。家必自毀，而後人毀之。國必自伐，而後人伐之。」「自取之也。」

下民之孽，匪降自天。噂沓背憎，職競由人。

詩小雅十月之交七章：「黽勉從事，不敢告勞。無罪無辜，讒口囂囂。下民之孽，匪降自天。噂沓背憎，職競由人。」

按：詩人從皇父作都於向，雖勞困而不敢訴苦。無罪無辜，然所受讒言亦多。今下民所受之災，非上天所降也。蓋由於小人相聚囂囂，重複多言以相悅，背之則相憎；居於上位而盡力於相悅相憎之事，所致之也。

羿蠭門者，天下之善射者也，不能以彎弓曲箭中微；王梁造父者，天下之善馭者也，不能以跛馬弊車致遠；故知堯舜者，天下之善教化者也，不能使嵬瑣受化。朱象之不化，過不在堯，而在朱象也。以堯舜之仁，孔子稱之，猶有病之者，況於其他？故曰：「異端邪說，宜放而絕之。」

禮論篇第十九

懷柔百神，及河喬嶽。

詩周頌時邁：「時邁其邦，昊天其子之。實右序有周。薄言震之，莫不震疊。懷柔百神，及河喬嶽。允王維后。明昭有周，式序在位。載戢干戈，載櫜弓矢。我求懿德，肆于時夏。允王保之。」

按：朱子詩集傳：「此巡守而朝會祭告之樂歌也。」詩言我以時巡行諸侯，天以我王能承天命，故以我王爲子。天實佑序我周，使四方諸侯莫不震服。懷柔諸神，及於河嶽山川，於是周王儼然天下之君矣！我周昭明，既已式序在位之諸侯，又收斂其干戈弓矢，益求懿美之德，以布陳中國，則信乎王之能保天命也。

天地相合而萬物化生，陰陽相接而變化勃起，性僞相合而天下大治。天生萬物而無以治之，地載衆人而無以理之，必待聖人然後天下大治。故曰：「性者，木始材朴也；僞者，文理隆盛也。無性則僞之無所加，無僞則性不能自美。」荀子引詩以喻聖人之能治天下也。

愷悌君子，民之父母。

詩大雅泂酌一章：「泂酌彼行潦，挹彼注茲，可以餴饎。豈弟君子，民之父母。」

按：遠酌行潦之水，挹注於此，尚可以爲酒食；況愷悌之君子，豈不能爲民之父母哉？父能生之，不能養之；母能食之，不能誨之；君者，已能食之矣！又善誨之矣！故君喪應服三年。禮記表記篇云：「詩曰：『凱弟君子，民之父母。』凱以强敎之，弟以說安之。」又：「使民有父之尊，有母之親，如此而後可以爲民父母矣！」荀子引詩正是此意。

樂論篇第二十

解蔽篇第二十一

鳳凰秋秋，其翼若干，其聲若簫。有鳳有凰，樂帝之心。

逸詩。

按：鳳鳴啾啾，翼美如楯，聲悅如簫。可使帝心愉樂。詩言堯能用賢而不蔽，故有鳳凰來儀之福也。

文王鑑於殷紂之亡，故專心謹愼治理邦國；長用呂望而不失正道，此乃伐殷有周之道也。蓋呂望諸賢之用，所以「慮壅蔽，則思虛心以納下」之功也。夏桀商紂之蔽，所以亡身也。故君道篇云：「故人主必將有卿相輔佐足任者，然後可。」「必將有足使喻志決疑於遠方者，然後可。」內外皆能擇賢任能，則不蔽矣！荀子引詩，以明人君不蔽，則如堯政之有鳳凰來朝也。

采采卷耳，不盈傾筐。嗟我懷人，寘彼周行。

詩周南卷耳一章：「采采卷耳，不盈頃筐。嗟我懷人，寘彼周行。」

按：采之又采，不滿一筐。心中懸念君子，故將筐雙置於大道之旁。

智者惟擇一道而專心致志，故能兼通萬物之理。昔舜之治天下也。專一而戒愼恐懼，故能成其大。夫傾筐易滿，卷耳易得，然而置之道旁者，心不專也。故勸學篇云：「鍥而舍之，朽木不折；鍥而不舍，金石可鏤。螾無爪牙之利，筋骨之强，上食埃土，下飲黃泉，用心一也。蟹六跪而二螯，非蛇蟺之穴，無可寄託者，用心躁也。」[七]

墨以爲明，狐狸而蒼。

逸詩。

按：以暗爲明，以黃爲蒼，所謂玄黃易色也。君者，臣之儀也。若君不君，則臣不臣矣！蓋主道宣明，則臣下相安循法；主道幽隱，則臣下相危亂政。故凡事以周密而成，泄漏而敗者，明君無之；以其坦蕩光明也。凡事以宣明而成，以隱蔽而敗者，闇君無之；以其戚戚權詐也。故論語顏淵篇云：「苟子之不欲，雖賞之不竊。」卽此之謂也。荀子引詩，極言主道宣明之可貴也。

正名篇第二十二

顒顒卬卬，如圭如璋，令聞令望。豈弟君子，四方爲綱。

詩大雅卷阿六章：「顒顒卬卬，如圭如璋，令聞令望。豈弟君子，四方爲綱。」

按：態度溫和，志氣高昂，品德如圭如璋，故聲譽美善。如此愷悌君子，可爲四方綱紀。

昔聖王臨之以勢，導之以道，申之以命，彰之以論，禁之以刑，故民之化於道者神速，何用辯說？聖王既沒，天下大亂，姦說並起，異端洶洶。故君子須以正名之道以辨姦邪，如引繩墨以正曲直；如是，則邪說不能亂其心，異端無所遁其形。兼聽明察諸說，而不矜奮誇大；盛德兼覆百家，而不自炫其德。其說能行，則天下可歸於正；其說不行，則幽隱其身；此聖人之辯也。故聖人雖辯而不矜也。昔孟子有言：「豈好辯哉，予不得已也。」卽此之謂也。

長夜漫兮，永思騫兮，大古之不慢兮，禮義之不愆兮，何恤人之言兮！

逸詩。

按：長夜漫漫，長思自己過咎；篤守正道，不違古人之德，若能遵禮行義，何愁他人批評！

士君子以仁愛之心辯說，以學習之心聽聆，以公正之心議論。處於正道而不具貳心，雖陷困詘而不能挾奪，雖能通利而不致流蕩，推崇公正而鄙視爭逐。故邪說去之。荀子引詩明示正名辨惑，以明道之可貴；且言辯說苟得其正，何懼他人批評。故正名篇曰：「以正道而辨姦，猶引繩以持曲直。」

性惡篇第二十三

君子篇第二十四

普天之下，莫非王土；率土之濱，莫非王臣。

詩小雅北山二章：「溥天之下，莫非王土，率土之濱，莫非王臣。大夫不均，我從事獨賢。」

按：普天之下，莫非君上之土；循土之涯，莫非人主之臣。大夫之徭役分配不均，爲何獨我最爲勞苦。

人君之勢位尊貴，形體安逸，心靈愉快。志氣無由屈指，形體無所勞苦。處至尊之勢，以君臨天下。故能不視而見，不聽而聰，不言而信，不慮而知，不動而成。以其委任賢臣，動靜得度故也。論語爲政篇云：「爲政以德，譬如北辰，居其所，而衆星拱之。」論語子路篇云：「其身正，不令而行。」此荀子引詩之意也。

百川沸騰，山冢萃崩。高岸爲谷，深谷爲陵。哀今之人，胡憯莫懲。

詩小雅十月之交三章：「爗爗震電，不寧不令，百川沸騰，山冢崒崩。高岸爲谷，深谷爲陵。哀今之人，胡憯莫懲。」

按：電光閃閃，雷聲隆隆，不安不善之徵也。如百川之沸騰，山陵之猝崩。使高岸、深谷上下易位。上天既已出示兆象，爲何在位者不能懲止亂事？

明君在上，則刑罰不踰其罪，爵賞不越其德，善惡判然，各以其忠誠而通達。亂世則不然。一人有罪，三族俱誅，雖德如堯舜，也不免同受其刑。先祖嘗賢，則子孫雖如桀紂，亦能處之尊位。荀子以爲以族論罪，以世舉賢，國必亂，故引詩以譬之。論語顏淵篇云：「子夏曰：『舜有天命，選於衆，舉皐陶，不仁者遠矣！湯有天下，選於衆，舉伊尹，不仁者遠矣！』」此之謂也。

成相篇第二十五

賦篇第二十六

大略篇第二十七

顚之倒之，自公召之。

詩齊風東方未明一章：「東方未明，顚倒衣裳。顚之倒之，自公召之。」

按：東方未明時，公已遣人召之；匆促著裝，致令衣裳顚倒。朱子詩集傳云：「此詩人刺其君興居無節，號令不時。」

諸侯旣召其臣，臣下不待駕車，即行上路；雖衣裳顚倒，猶合禮節。故論語子張篇云：「子夏曰：『大德不踰閑，小德出入可也。』」

我出我輿，于彼牧矣。自天子所，謂我來矣。

詩小雅出車一章：「我出我車，于彼牧矣。自天子所，謂我來矣。召彼僕夫，謂之載矣。

王事多難，維其棘矣。」

按：朱子詩集傳云：「此勞還率之詩。追言其始受命出征之時，出車於郊外而語其人曰：我受命於天子之所而來。於是乎召御夫使之載其車以行，而戒之曰：王事多難，是行也不可以緩矣！」

天子召見諸侯，諸侯輓車以就馬，亦合禮也。

物其指矣，唯其偕矣。

詩小雅魚麗五章：「物其指矣，維其偕矣。」

按：宴客，肴饌甘美，而且齊備。

論語陽貨篇云：「禮云禮云，玉帛云乎哉？樂云樂云，鐘鼓云乎哉？」禮儀不合時宜，不能恭敬而具文飾，兩不相悅，所餽雖美，亦不合禮制。故儀禮聘禮記曰：「多貨則傷於德，幣美而設禮。」

飲之食之，教之誨之。

詩小雅緜蠻一章：「緜蠻黃鳥，止于丘阿。道之云遠，我勞如何。飲之食之，教之誨之，命彼後車，謂之載之。」

按：朱子詩集傳云：「此微賤勞苦，而思有所託者，爲鳥言以自比也。」緜蠻之黃鳥，止于丘阿而不能前，因道遠而勞甚矣！當是時，有能飮之食之，敎之誨之，又命後車以載者乎？」

孟子梁惠王上篇云：「是故明君制民之產，必使仰足以事父母，俯足以畜妻子，樂歲終身飽，凶年免於死亡，然後驅而之善，故民之從之也輕。」故曰：「不富無以養民情。」

論語爲政篇云：「舉善而敎不能，則勸。」故曰：「不敎無以理民性。」使務其業，不奪其時，則民富矣；立大學，設庠序，所以導正道。如此，則王事具矣！荀子引詩之意在此。

我言維服，勿用爲笑。先民有言，詢於芻蕘。

詩大雅板三章：「我雖異事，及爾同僚。我卽而謀，聽我囂囂。我言維服，勿以爲笑。先王有言，詢于芻蕘。」

按：我與汝職事雖異，然同爲王臣也。我今就汝而謀，而汝却洋洋自得，不肯接受善言。我之所言，乃今之急事也，切勿以爲笑談。先賢嘗言：若有事，雖採薪者亦可詢之。

迷途者，由於不詢人以路徑；溺斃者，因不問人以水性；亡國者，剛愎自用之故也。夫天下之國，莫不有俊秀之士；每世莫不有賢能之人；若能博問之，何咎之有？故論語公治長篇云：「子夏問曰：『孔文子何以謂之文也？』子曰：『敏而好學，不恥下問，是以謂之文也。』」又論語泰伯篇云：「曾子曰：『以能問於不能，以多問於寡；有若無，實若虛。』」「不恥下問」，「以能問於不能」，此爲學處世之道也。爲政亦然。荀子引詩之意如此。

如切如磋，如琢如磨。

詩衞風淇澳一章：「瞻彼淇奧，綠竹猗猗。有匪君子，如切如磋，如琢如磨。瑟兮僩兮，赫兮咺兮。有匪君子，終不可諼矣。」

按：觀彼淇奧綠竹，何等美盛。斐然之君子，所以有此盛德者，乃如切如磋，如琢如磨之效也。儀容舉止，威嚴而又莊重；赫然而又煥發。如此斐然之君子，實令人難忘也。朱子詩集傳云：「衞人美武公之德。」和氏之璧，不經玉人琢磨，則楚王不以爲寶；子贛、季路之徒，不被文學、不習禮義，則後人不以爲賢。文心雕龍情采篇云：「虎豹無文，則鞹同犬羊；犀兕有皮，而色資丹漆，質待文也。」是也。荀子引詩，以明「人之於文學也，猶玉之於琢磨也。」

溫恭朝夕，執事有恪。

詩商頌那：「猗與那與，置我鞉鼓。奏鼓簡簡，衎我烈祖。湯孫奏假，綏我思成。鞉鼓淵淵，嘒嘒管聲。既和且平，依我磬聲。於赫湯孫，穆穆厥聲。庸鼓有斁，萬舞有奕。我有嘉客，亦不夷懌。自古在昔，先民有作。溫恭朝夕，執事有恪。顧予烝嘗，湯孫之將。」

按：詩序云：「那，祀成湯也。」「溫恭朝夕，執事有恪。」即：朝夕敬守其事，態度溫和而恭敬。

子貢倦於學，欲息於事君之事，孔子引詩以勉之。論語里仁篇云：「君子無終食之間違仁；造次必於是，顚沛必於是。」「造次必於是，顚沛必於是。」即荀子載孔子引詩之意也。

孝子不匱，永錫爾類。

詩大雅既醉五章：「威儀孔時，君子有孝子。孝子不匱，永錫爾類。」

按：威儀既得其宜，又有孝子爲之舉奠。孝子之孝思不竭，故永賜以美善。

荀書引此詩者二：

一、大略篇：

子貢既倦於學，復欲息於事親之事；夫事親者難也，豈可息哉！故孝經開宗明義章：「子曰：『夫孝，德之本也，教之所由生也。』」

二、子道篇：

入孝出弟，人之小行也。上順下篤，人之中行也。從道不從君，從義不從父，人之大行也。此爲孝之眞諦也。故曰：「孝子不匱。」

刑于寡妻，至于兄弟，以御於家邦。

詩大雅思齊二章：「惠于宗公，神罔時怨，神罔時恫。刑于寡妻，至于兄弟，以御于家邦。」

按：文王順于先公，而鬼神悅之無怨。其儀可內施於閨門，而外至于兄弟，以御于家邦也。

子貢欲息於事妻之事，然事妻亦難，豈可息哉！孔子嘗曰：「家齊而後國治。」因小及大者也。

朋友攸攝，攝以威儀。

詩大雅既醉四章：「其告維何，籩豆靜嘉。朋友攸攝，攝以威儀。」

按：公尸告以汝之祭祀，籩豆之薦已潔而美矣。而朋友之佐祭者，亦皆具威儀也。

子貢欲息於事友之事，然事友亦難，豈可息哉。論語季氏篇云：「友直、友諒、友多聞，益矣！」朋友之益者如此，焉可不事！

晝爾于茅，宵爾索綯。亟其乘屋，其始播百穀。

詩豳風七月七章：「九月築場圃，十月納禾稼。黍稷重穋，禾麻菽麥。嗟我農夫，我稼既同，上入執宮功。晝爾于茅，宵爾索綯。亟其乘屋，其始播百穀。」

按：農事既已停當，則上入都邑執治宮室。晝治茅草，夜搓繩索。欲疾急完成以茅覆屋，修治宮室之事，因不久將播百穀也。

子貢欲息於耕作之事，然耕作亦難，豈可息哉！故孔子歎曰：「吾不如老農。」「吾不如老圃。」

無將大車，維塵冥冥。

詩小雅無將大車二章：「無將大車，維塵冥冥。無思百憂，不出于熲。」

按：不可扶進大車，扶進適足以自遭塵污。不可思慮百憂，思之適足以自獲病也。

勸學篇云：「施薪若一，火就燥也。平地若一，水就溼也。草木疇生，禽獸群居，物各從其類也。」故知取友善人，不可不愼也。論語季氏篇云：「友便辟，友善柔，友便佞，損矣！」荀子引詩，以戒無與小人處世。「故君子居必擇鄉，遊必就士，所以防邪僻而近中正也。」

宥坐篇第二十八

憂心悄悄，慍于群小。

詩邶風柏舟四章：「憂心悄悄，慍于群小。覯閔既多，受侮不少。靜言思之，寤辟有摽。」

按：憂心悄悄，因群小之怒我。遭病不少，受辱更多，每靜而思之，激憤不已，雖寤寐之中，亦撫心不已。

湯誅尹諧，文王誅潘止，周公誅管叔，太公誅華仕，管仲誅付里乙，子產誅鄧析史付。此六者，或心達而凶險，或行僻而堅頑，或言僞而巧辯，或記醜而博知，或順非而文飾。故足誅之。如孔子之誅少正卯也。

尹氏大師，維周之氐。秉國之均，四方是維。天子是庳，卑民不迷。

詩小雅節南山三章：「尹氏大師，維周之氐。秉國之均，四方是維。天子是毗，俾民不迷。不弔昊天，不宜空我師。」

按：尹氏大師，爲周之根本也。周國賴之，以持國均平，以維繫四方。輔助天子，使百姓不惑。然今上天不淑，尹氏不能稱其職；若尹師者，實不宜長居其位，而致我民以困窮也。

尚書康誥曰：「義刑義殺，勿庸以即，予維曰未有順事。」敷陳先王之道，以身作則；推崇賢人以訓之；廢退不能者以懼之；如此誨民三年，百姓必從風矣！若有邪而不順者，誅之可也。論語堯曰篇云：「不教而殺謂之虐。」君子之恥也。

周道如砥，其直如矢。君子所履，小人所視。眷焉顧之，潸焉出涕。

詩小雅大東一章：「有饛簋飧，有捄棘匕。周道如砥，其直如矢。君子所履，小人所視。睠言顧之，潸焉出涕。」

按：肴饌滿簋，曲匙取之；西方能如此者，東方之賦稅也。大道砥平，如矢之直。君子所應遵行，百姓所可共見。然今反是，故詩人潸然出涕矣！山雖百仞，稚童可以攀而援之；傾斜故也。崖岸三尺，虛車不能登以躋之；矢直故也。世衰道微，若百仞山之已傾斜，欲民之不踰禮法，不可得也。論語子路篇云：「其身正，不令而行；其身不正，雖令不從。」故荀子引詩以譬之。

瞻彼日月，悠悠我思。道之云遠，曷云能來。

詩邶風雄雉三章：「瞻彼日月，悠悠我思。道之云遠，曷云能來。」

按：見日月更迭，流光消逝；歎路途阻隔，兩地乖違。傷遠人不返，故發悠悠長思。爲政以德，民莫不歸。論語子路篇云：「近者說，遠者來。」若上失其道，則民棄之。荀子引詩之意若此。

子道篇第二十九

法行篇第三十

涓涓源水，不雝不塞。轂已破碎，乃大其輻。事已敗矣，乃重太息。

逸詩。

按：涓涓細流，若不加壅塞，已成江河則難再壅塞矣！轂既已碎，始加大車輻，亦無以復加矣！事已敗壞，才重重長嘆，則無助矣！

內疏而外親，身不善而怨人，刑至而呼天，遲矣！故易繫辭下傳云：「君子藏器于身，待時而動，何不利之有？」

言念君子，溫其如玉。

詩秦風小戎一章：「小戎俴收，五楘梁輈，游環脅驅，陰靷鋈續，文茵暢轂，駕我騏馵。言念君子，溫其如玉。在其板屋，亂我心曲。」

按：婦送其夫征討西戎，見出征時之車馬情狀，想像別後彼至西戎，實亂心曲。

君子以玉比德。溫潤而光澤，仁也；秩然而有文理，智也；堅毅剛强而不折，義也；廉稜而不傷於物，行也。寧折而不屈，勇也；瑕疵皆現，無所掩飾，情也；叩之，其聲清揚而遠聞，聲盡，戛然而止，辭也。有此七者，故君子比德焉。詩云：「溫其如玉」者，蓋謂此也。

哀公篇第三十一

堯問篇第三十二

詩大雅蒸民四章：「肅肅王命，仲山甫將之。邦國若否，仲山甫明之。既明且哲，以保其身。夙夜匪解，以事一人。」

按：王命嚴肅，仲山甫奉行之。邦國之善惡與否，仲山甫皆能明察之。既明且哲，順理以保其身。夙夜匪懈，以事君王一人。

既明且哲，以保其身。

荀子固不及孔子也。然孫卿迫於亂世，鰌於嚴刑，上無賢主，下臨暴俗，禮義不行，教化不成，故僞裝狂人之態，視天下以爲愚。雖然；荀子懷聖人之心，行聖人之教，其遺言餘教，足爲天下法式表儀。論語子罕篇云：「子貢曰：『固天縱之將聖。』」子貢以譬孔子，若移喻荀子，亦當也。

重要參考書目

荀子集解　楊倞注、王先謙集解　世界書局

荀子約注　梁啟雄　世界書局

荀子集釋　李滌生　學生書局

荀子要義　周紹賢　中華書局

荀子學說　陳大齊　華岡出版公司

荀子與古代哲學　韋政通　商務印書館

荀子禮學之研究　陳飛龍　文史哲出版社

毛詩鄭箋　鄭　玄　新興書局

詩經集傳附斠補　朱熹集傳、汪中老師斠補　蘭臺書局

毛詩傳箋通釋　馬瑞辰　廣文書局

詩經原始　方玉潤　藝文印書館

詩毛氏傳疏　陳　奐　學生書局
詩經釋義　屈萬里　華岡出版公司
四書集註　朱　熹　學海出版社
四書分類　蔣伯潛　啟明書局
文心雕龍注　劉勰著、范文瀾注　文史哲出版社
文心雕龍研究　王更生老師　文史哲出版社
中國文學發展史　劉大杰　華正書局
中國文學批評史　郭紹虞　明倫出版社